I0438816

Gregor Peters

Vom Symptom

zur Ressource

Dieses Buch dient lediglich der persönlichen Weiterentwicklung. Es wird dringlichst geraten, bei Krankheiten und Beschwerden immer und zuerst einen Arzt zu besuchen und dessen Empfehlungen und Behandlungen unabhängig vom Studium dieses Buchs zu befolgen und fortzusetzen. Das Studium dieses Buchs ist kein Ersatz für einen Arztbesuch und sollte ausschließlich zusätzlich erfolgen. Der ärztliche Rat bzw. die verschriebenen Therapien und Behandlungen sollten auch nach dem Studium des Buchs unbedingt so lange fortgesetzt und befolgt werden, bis der Arzt diese beendet.

© 2014 by Gregor Peters, Germany
Kontakt: peters@easynote.de

ISBN-13: 978-1495235658
ISBN-10: 1495235653

Liebe Leserin, lieber Leser!

Es freut mich, dass Sie sich für dieses Thema interessieren. Sie können dabei für sich selbst, als auch für die Arbeit als Therapeut, wertvolle Informationen und Vorgehensweisen bekommen. Mehrmals habe ich dieses Thema in der vorliegenden Zusammenstellung mit angehenden Heilpraktikern und angehenden Heilpraktikern für Psychotherapie im Rahmen deren Ausbildung erarbeitet. Die zentrale Übung „vom Symptom zu Ressource" setzte ich zudem in meiner Arbeit ein.

Sie werden einige Textausschnitte wiederfinden, die ich speziell zu diesem Thema zusammengetragen habe. Zwischen den Texten werden Sie persönliche Kommentare von mir vorfinden, welche ich im Unterricht verbal gegeben habe, Sie hier aber schriftlich wiedergebe.

Inhalt

Die Themen des Buches

- Das Modell von Schulz Thun ist ein Vier-Komponenten-Modell, welches passend fürs Kennenlernen ist. Alles was man durch die vier Komponenten erfährt, erleichtert den Umgang innerhalb einer Gruppe oder auch zwischen Therapeut und Klient. Das Wissen kann dann als Ressource eingesetzt werden.

- Das Hauptthema handelt um Polaritäten, da eine Ressource ein Gegenpol zu einem Symptom darstellt. Durch geschicktes Fragen, kann man über Gegenteile vom Symptom zur Ressource gelangen. Die Ressource ist also direkt mit dem Symptom verbunden.

- Man kann nur an eine Sache denken.

  Es handelt sich hierbei um eine Übung, welche so auch im Spiel zu meinem Powerkurs „Wege zur Selbstfindung" vorkommt.[1] Sie ist sowohl einfach als auch aufschlussreich.

  Dieser Übung wird eine zweite Übung zur Seite gestellt, die den anderen Pol, als die erste Übung angeht.

---

1   Weitere Informationen auf
     WegeZurSelbstfindung.com

- Milton Erickson zum Thema „*Therapeut sein*". Ich habe hier einen Text kommentiert, welcher sich um das Thema „*Therapeut sein*" bei Milton Erickson in seiner nicht-hypnotischen Arbeit dreht.
- Vorstellung → Körper | Körper → Gefühl. Welche Einflüsse gibt es? Es wird u.a. das Gesetz der gegenteiligen Wirkung von Emile Coué beschrieben, Textstellen aus Büchern von Henrik Fexeus und Paul Eckman heran genommen, als auch Texte aus Bild der Wissenschaft online. Einen kleinen Film und die Stimme Emil Coués können Sie über das Internet sehen bzw. hören.
- Gegensätze. Hier werden die Polaritäten direkt angegangen. Sie finden in diesem Abschnitt auch die zentrale Übung „vom Symptom zur Ressource".
- Dankbarkeit. Über die Übung „vom Symptom zur Ressource" werden Sie zum Thema Dankbarkeit hingeleitet. Als sehr schönes Beispiel finden Sie dort einen Text von Ulrich Beer.

Sie merken vielleicht bereits jetzt, dass das Thema von mir nicht linear angegangen wird. Ich habe wohl die Teile der Mindmap nummeriert, aber nur, weil es ohne Reihenfolge nicht geht. Man könnte die Reihenfolge aber auch zu großen Teilen umstellen oder ineinander schachteln. Denn es geht praktisch immer darum, was welchen Einfluss auf uns hat. Nur durch dieses

Wissen können wir Ressourcen aktivieren und Vorgehensweisen definieren. Wenn wir erkennen, was welchen Einfluss auf uns hat, so können wir jene Einflüsse stärken, die uns (oder auch dem Klienten) gut tun – und bei dem, was gut tut, sind wir bei einer aktiven Vorgehensweise bereits am Aktivieren einer Ressource.

- Das System vom Jäger und Farmer von Thom Hartmann erlaubt einen weiteren Blick auf das Thema. Es wird über die Polaritäten das Thema angegangen, in wieweit ein bei uns als krankhaftes Symptom nicht eigentlich ein evolutionärer Vorteil darstellt, der aber in unsere Gesellschaftsform nicht mehr hinein passt.

Kurze Vorstellung meiner Person

Ich möchte mich noch ganz kurz bei Ihnen vorstellen, allerdings nur sehr kurz, da ich manches innerhalb des Modells von Schulz von Thun preis geben werde.

Mein Name ist Gregor Peters und ich beschäftige mich seit vielen Jahren mit dem, was uns Menschen gemeinsam ist. Dies mündet zumeist in einem Verständnis von Strukturen. Dabei sind die Themen so vielfältig wie wir Menschen es nun einmal sind. Als studierter Musiker (Klavier und Orgel) und als Komponist, kam schnell die Frage auf, weshalb und wie Musiker und Zuhörer auf Musik reagieren. Es hat sich hieraus meine Methode der integrativen Musikwahrnehmung entwickelt. Sie stellt dem Musiker sein ganz eigenes Empfinden, auf der Grundlage seiner Persönlichkeit und seiner Vergangenheit, als Werkzeug so zu Verfügung, dass es mit der Musik und seinem Spiel eins werden kann. Erweitert wurde diese Arbeit in der außermusikalischen Richtung durch die Erstellung meines Powerkurses „Wege zur Selbstfindung". Er bringt verschiedenste Richtungen so zusammen, dass der Absolvent nach Abschluss ein deutlich freieres und selbstbestimmteres Leben führen kann.

Eine ganz andere Richtung stellt meine Arbeit an der Börse dar. Auch hier steht der Mensch im Mittelpunkt. Er ist Käufer und Verkäufer und ist selbst bei automatisierten Programmen im Hintergrund als Entwickler des Programms vorhanden. Welche Gefühle und Reaktionen hat man als Trader?

Dies und viele andere Fragen behandle ich in meinem Buch *Der Trend ist mein Freund* und habe mein Wissen in mein Analyse- und Strategiesystem einfließen lassen.

Friedemann Schulz von Thun
Vier-Komponenten-Situationsmodell[2] (1)

2
Thematische
Konstellation

1
Geflecht der Anlässe
(Vorgeschichte)

4
Geflecht der Ziele

3
Zwischenmenschliche
Konstellation

Das Bild geht von links nach rechts. Dabei beginnt es bei der Nummer eins mit der Vorgeschichte. Da das Modell für Gruppen erstellt ist, sehen Sie bei der originalen Graphik aus dem Buch dort mehrere Pfeile, da die Vorgeschichten verschieden sind. Ebenfalls sehen Sie dort mehrere Pfeile Richtung Nummer 4, den Zielen, da auch diese in einer Gruppe verschieden sein können.

---

2   Das Modell ist seinem Buch „Miteinander reden" Band 3 entnommen, Seite 280-285. Das Buch ist im Verlag rororo unter der ISBN 987-3-499-60545-1 erschienen. Ich habe das Buch während eines Griechenland-Urlaubs gelesen und es hat sehr viel Spaß gemacht. Es zeigt gut auf, dass wichtige Themen durchaus viel Freude bereiten können.

1. Vorgeschichte

In Ihrem Fall sind Sie jetzt nicht in einer Gruppe, sondern allein mit diesem Buch. Trotzdem werden Sie eine Vorgeschichte haben, die Sie zum Lesen des Buchs veranlasst hat. Überlegen Sie einmal kurz, wie es dazu kam. Wie sind Sie auch die Internetseite gestoßen, warum hat Sie das Thema angesprochen und so weiter.

Im Fall der Arbeit mit Klienten stellen sich ebenfalls die Fragen zur Vorgeschichte. Sie können Ihnen bereits wertvolle Informationen an die Hand geben.

• Was ist der Anlass zu diesem Treffen?

Der Klient kommt vielleicht, weil er mit seinem Alltag nicht mehr zurecht kommt. Innerhalb dieses „nicht mehr zurecht kommen" hat er eine Motivation gefunden, um zu Ihnen zu kommen. Diese Motivation hat den Klient zu einer Aktion veranlasst (er ist zu Ihnen gekommen). Er hat also bereits einen Schritt in Richtung Veränderung getan.

- <u>Wer hat in welchem Auftrag dazu eingeladen?</u>
  Kommt der Klient aus eigenen Stücken oder wurde er von einer anderen Person dazu gedrängt?

  Kommt er aus eigenen Stücken, so stellt sich die nächste Frage dahingehend, ob er wirklich mit Ihnen arbeiten möchte oder sich nur beweisen möchte, dass diese Art von Arbeit nichts bringt. Diese Frage stellt sich auch, wenn er von einer anderen Person zum Kommen gedrängt wurde. In diesem Fall wird zudem sofort klar, dass in das Problem, weshalb er kommt, eine oder mehrere andere Personen direkt involviert sind. Ansonsten hätte ihn keine andere Person zum Kommen gedrängt. Es liegt dann an Ihnen, ob der Klient die richtige Person ist, die zu Ihnen kommen soll. Er kann auch einen Ersatz für die Person darstellen, die Ihn zum Kommen gedrängt hat.

- <u>Was ist dem Treffen schon vorausge-
gangen</u> *(Vorärklärungen, Telefona-
ten, vorbereitende Gespräche)* – <u>Wer
mit wem und mit welchem Ergebnis?</u>
Hier sind Sie beim Teil der gemeinsamen Vorgeschichte. Jener Teil, bei
dem Sie bereits Kontakt mit dem Klienten oder der Person, die ihn zum
Kommen gedrängt hat, hatten.

Friedemann Schulz von Thun schreibt zu diesem Punkt: (2) Menschliche Begegnungen und
Gespräche ereignen sich in vielen Fällen nicht
spontan und absichtslos, sondern sie finden,
besonders im beruflichen und politischen Bereich, aufgrund einer Verabredung oder einer
Einladung statt. Damit das Treffen (die Sitzung,
die Klausur, die Veranstaltung, das Gespräch)
überhaupt zustande kommen kann, sind im
Vorfeld Anlässe gegeben und Kräfte wirksam.
Fragen, die diese Komponente aufhellen, sind
zum Beispiel: Was war der Anlass für dieses
Treffen?

Wer hat in wessen Auftrag dazu eingeladen?

Was ist dem Treffe schon vorausgegangen an
Vorärklärungen, vorbereiteten Gesprächen?

Wer mit wem und mit welchem Ergebnis?

Wenn ich ein Treffen oder eine Veranstaltung moderiere, gehe ich anfangs immer auf diese Vorgeschichte ein, um ein gemeinsames Situationsverständnis sicherzustellen. Manchmal kommen hier dunkle Punkte ans Licht. Bleibt die Vorgeschichte im dunkeln, trägt die Situation nicht.

... Manchmal hat jeder Teilnehmer des Treffens seine eigene, nur ihm bekannte Vorgeschichte. Dann lohnt es sich meistens, in einer Anfangsrunde den persönlichen Hintergrund der Anwesenheit zu klären.

Auch wenn Sie, wie mit diesem Buch alleine sind, so lohnt es sich bei vielen Themen und Projekten einmal zu überlegen, was Sie an diese Stelle in Ihrem Leben geführt hat. Stärken Sie dann die für Sie positiven Umstände und Linien (an Ereignissen in Ihrer Vergangenheit), damit Sie bereits hier Ihr Maximum an Ressourcen für das Anstehende bewusst aktivieren können.

2. Thematische Konstellation

Um was geht es? Lesen Sie dieses Buch wegen einem besonderen Thema? Dem Thema des Titels, wegen der Information, wie Sie von einem Symptom zu einer Ressource kommen können? Vielleicht interessiert Sie auch nur der Teil über das Symptom oder der Teil über die Ressource.

Genauso ist es möglich, dass Ihnen jemand dieses Buch empfohlen hat. Dann ist vielleicht Ihr Thema diese Empfehlung oder Ihr Versprechen, dass Sie das Buch lesen werden.

Nehmen Sie sich kurz Zeit und überlegen Sie, was Ihr Thema im Bezug zu diesem Buch ist. Dies kann etwas sein, was ich gerade beschrieben habe, aber auch etwas völlig anderes.

Ich habe Ihnen einmal die Fragen von Herrn Schulz von Thun im Bezug Therapeut/Klient zusammengestellt:

- Welche Themen führen uns zusammen?

  Hier können Sie vorfühlen, inwieweit die eigene Idee mit der Vorstellung des Klienten zusammen kommt.

- Was steht auf der Tagesordnung?

  Stecken Sie ab, wie weit Sie bei dem Treffen kommen können. Welche Erwartung(en) hat der Klient und wie realistisch ist diese Ihrer Meinung nach? Wie schätzt er es selbst ein?

Es geht hierbei nicht um die Zielsetzung sondern um die Thematik.

- <u>Was gehört zu unserer Aufgabe, was nicht?</u>

Es ist z.B. klar, dass Sie dem Klienten, sollte er z.B. Globuli bekommen, ihm diese nicht in den Mund schieben. Natürlich ist dies ein extremes Beispiel, zeigt aber sehr gut auf, dass es Grenzen gibt. Diese Grenze sollten Sie klar definieren. Dadurch können Sie ebenso klar definieren, was wer tun soll? Im Bezug zur Ressourcenstärkung ist dies u.a. wichtig, weil diese Definition auch klar stellt, was man dem Klienten zutraut, worin man bei ihm also eine Ressource sieht.

- <u>In welche Unteraspekte untergliedert sich das Rahmenthema?</u>

Hier kann man vorfühlen, mit was der Klient sein Anliegen verknüpft. Hören Sie genau zu, was er sagt – oder im Rahmen dieses Buchs hören Sie in sich hinein. Bei einem Klienten können Sie z.B. solch einen Satz hören: *Ich bin immer so antriebslos, meine Frau ist schon ganz sauer auf mich.* Hier wäre ein Unterthema die Beziehung zwischen dem Klienten und seiner Frau, ein anderes Unterthema das antriebslos sein.

Welches Unterthema haben Sie im Bezug zu diesem Buch?

Kommt Ihnen ganz spontan ein Satz?

Wenn ja, schreiben Sie ihn auf und extrahieren Sie das oder die Unterthemen.

- <u>Was ist thematisch vorgegeben, was ist hier unter uns erst noch zu erheben?</u>

Kennt der Klient Ihre Vorgehensweise?

Kann er die Richtung Ihrer Vorgehensweise mitbestimmen?

Müssen Sie noch etwas vom Klienten erfahren?

Im Bezug zu diesem Buch: Was müssen Sie selbst noch über Ihre eigene thematische Struktur im Bezug *„vom Symptom zur Ressource"* in Erfahrung bringen und was ist Ihnen bereits bekannt?

- <u>Worum geht es?</u>

Definieren Sie das Thema in einer groben Weise. So, dass Sie wissen, worum es im Moment geht, sich aber gleichzeitig so viel Freiraum lassen, damit in der Bearbeitung des Themas eine Dynamik erreicht werden kann. Oft ist das Thema etwas, was ein darunterliegendes anderes Thema verdeckt. Ist erst einmal das jetzige Thema bearbeitet, wird das darunterliegende Thema freigelegt und kann zum Hauptthema werden. Von daher sollte die Definition des jetzigen Themas unbedingt die Offenheit zu einer Weiterentwicklung in neue Richtungen und Themen beinhalten. Eine Offenheit kann aber nur durch eine erste Definition des Themas erreicht werden, denn ohne definiertes Thema gibt es keine Offenheit, sondern nur eine Art Nebel, bei dem man noch nicht weiß, worum es im Moment geht.

Friedemann Schulz von Thun schreibt zu diesem Punkt: (3) Thematische Struktur. Damit ist gemeint: Welche Themen führen uns zusammen?

Was steht auf der Tagesordnung?

Was gehört zu unserer Aufgabe, was nicht?

In welche Unteraspekte strukturiert sich das Rahmenthema?

Was ist thematisch vorgegeben, was ist hier unter uns erst noch zu erheben?

Mit einem Wort: Worum geht es?

Das Thema muss mit dem Anlass (1.) und mit der Zielsetzung (4.) in Übereinstimmung sein, sonst stimmt etwas nicht. Manchmal hat das Thema eine verdeckte Rückseite. Es ist wichtig, sie zu erkennen, um den Gehalt der Situation zu erfassen. Beispiel: In einem Unternehmen soll umstrukturiert werden. Alle Abteilungsleiter sind eingeladen zum Thema «Profilbildung 2000»: Mit welchen Produktgruppen soll das Unternehmen künftig auf dem Markt hervortreten, das heißt, welche Produktbereiche sollen ausgebaut und in der Entwicklung gefördert werden, und welche sollen eher am Rande mitlaufen oder vielleicht ganz aufgegeben werden? Die verdeckte Rückseite dieses Themas ist von menschlicher Brisanz, wenn die anwesenden Abteilungsleiter die Produktbereiche vertreten: Wer ist es wert, in seiner Bedeutung zu wachsen, wer muss schrumpfen? Wer muss weg? Hier kann jedes sachliche Argument zum Dolchstoß in den Rücken eines Menschen werden – eine der Grunderfahrungen beruflicher Kommunikation.

Beim Verhältnis Therapeut-Klient kann dies z.B. sein, dass ein für den Klienten besseres Verhalten zu einer schlechteren Beziehung zu seinem oder ihrem Partner führt. Diese sekundären negativen Folgen können in ihrer Eigenschaft stärker als die primär positive Veränderung sein, was eine positive Veränderung unmöglich macht.

Friedemann Schulz von Thun: Zur Förderung eines gemeinsamen und genauen Situationsverständnisses kann es auch hilfreich sein, darauf hinzuweisen, was hier und heute *nicht* Thema sein soll.

3. Zwischenmenschliche Struktur

- **Wer ist anwesend, wer ist hier zusammengekommen?**

  Was für Personen sind Sie und der Klient?

  Es gibt durchaus Unterschiede, sind Sie z.B. sehr jung und der Klient sehr alt, oder umgekehrt. Ebenso kann es Ähnlichkeiten geben.

- **In welcher Funktion?**

  Sind Sie Ratgeber, Helfender, Heiler, Interessierter?

  Ist der Klient nur passiv beteiligt oder aktiv?

  Dies ist ein Thema, welches in jedem zwischenmenschlichen Kontakt geklärt werden sollte. Denn sieht einen eine Person in einer ganz anderen Funktion als die Funktion, in der man sich selbst sieht, kommuniziert man aneinander vorbei.

Sind Sie Therapeut, so sollten Sie unbedingt für sich klären, in welcher Funktion bzw. welchen Funktionen Sie sich als Therapeut sehen.

- <u>In welcher Rolle?</u>

  Sind Sie Berater, Therapeut, guter Freund?

  Schaut der Klient wie zu seinen Eltern zu Ihnen hinauf?

  Es ist oft schwierig, Funktion und Rolle getrennt zu definieren. Es gilt für die Kommunikation das selbe, wie für den Begriff Funktion. Als Therapeut ist es daher ebenso wichtig, seine Rolle zu definieren als seine Funktion.

- <u>Mit welchem Interesse?</u>

  Was interessiert Sie an dieser Person, an diesem Fall?

  Welches Interesse hat der Klient, zu Ihnen zu kommen?

  Was für ein Interesse haben Sie im Bezug zu diesem Buch und dem Thema?

- <u>In wessen Auftrag?</u>

  Sind Sie selbständig tätig, oder arbeiten Sie in einer Praxis mit, die Ihnen diesen Fall aufgetragen hat?

  Vom Klienten aus ist die Fragestellung wie bei Punkt 1, der Vorgeschichte. Kommt er freiwillig?

  Wenn nicht, von wem wurde er beauftragt?

  Lesen Sie aus eigenem Antrieb dieses Buch oder wurde es Ihnen direkt oder indirekt aufgetragen?

- <u>Ist die Zusammensetzung stimmig, das heißt, in Übereinstimmung mit Anlass (1.), Thema (2.) und Zielsetzung (4.)?</u>

  Hier können sich bereits erste Probleme zwischen Ihnen und Ihrem Klient herausgebildet haben – dies haben Sie durch die vorangegangenen Fragen bereits zum Teil herauskristallisiert.

- <u>Wer fehlt? Warum?</u>

  Dies ist vor allem für Gruppentherapien wichtig.

- **Bei welchem Anwesenden ist unklar, warum bzw. wozu er dabei ist?**

  Dies ist mit Klienten häufig so, denn wüssten sie, warum sie kommen, würden sie sich meist selbst weiterhelfen. *Diesen Punkt werde ich später anhand eines Textes über die nichthypnotische Arbeit Milton Ericksons genauer erörtern.*

Friedemann Schulz von Thun schreibt zu diesem Punkt: (4) Zwischenmenschliche Struktur. Damit ist gemeint: Wer ist anwesend, wer ist hier zusammengekommen? Warum ausgerechnet diese und keine anderen? In welcher Funktion, in welcher Rolle, mit welchem Interesse, in wessen Auftrag?

Ist die Zusammensetzung stimmig, das heißt, in Übereinstimmung mit dem Anlass (1.), Thema (2.) und Zielsetzung (4.)? Wer fehlt?

Warum?

Bei welchem Anwesenden ist unklar, warum bzw. wozu er dabei ist?

Besonders beachtenswert ist die Tatsache, dass die anwesenden Personen unterschiedliche «Hüte» auf dem Kopf tragen. Damit will ich die *situationsbezogene* Rolle symbolisieren.

Nehmen wir ein Beispiel, wo diese Rollen besonders deutlich hervortreten: vor Gericht. Bei einem Strafprozess gibt es den Vorsitzenden Richter, die Beisitzer, den Angeklagten, den Staatsanwalt, den Strafverteidiger, vielleicht einen Nebenkläger mit seinem Anwalt, dann gibt es Sachverständige, die «gehört», Zeugen die «vernommen» werden, schließlich Gerichtsdiener und die Öffentlichkeit. Durch Sitzordnung und Kleidung (zum Beispiel Roben) sind die unterschiedlichen «Hüte» der Anwesenden relativ gut zu unterscheiden. Im beruflichen Bereich ist das viel schwieriger zu erkennen, weil alle im gleichen Outfit um den selben ovalen Tisch herumsitzen. Daher kann es überaus wichtig sein, die «Hutordnung» der Anwesenden zu Beginn zu klären.

Am Beispiel des Gerichts ist gut zu erklären, was unter einer *situationsbezogenen* Rolle verstanden werden soll: Beim Richter und beim Staatsanwalt stimmen ihre normale Berufsrolle und ihre Rolle in dieser Situation überein, ebenfalls bei den Anwälten. Jedoch der Hauptabteilungsleiter eines Großunternehmens: *hier* (vor Gericht) ist er Angeklagter (und hat sich als solcher zu verhalten); der Polizist: *hier* ist er Zeuge; der Leiter einer psychiatrischen Klinik: *hier* ist er

25

als Sachverständiger. Im beruflichen Bereich ist das gang und gäbe: So kann ein Vorstandsmitglied *Teilnehmer* einer Fortbildungsveranstaltung, der Chef einer Personalentwicklung *Moderator* einer Teamentwicklung sein.

Sind Sie als Therapeut tätig, so ist Ihre Rolle innerhalb der Beziehung Therapeut-Klient gleich Ihres Berufes. Ihre Klienten können aber völlig unterschiedliche Berufe inne haben. In der Beziehung Therapeut-Klient, nehmen sie aber immer die Rolle des Klienten ein.

Friedemann Schulz von Thun: (5) Es ist diese *situative Rolle*, welche meine Vorstellung davon prägt, was mein Beitrag zu einer Situation sein sollte und wie er vorzubringen ist. Sie ist gleichsam der Treffpunkt von Person (mit ihrem inneren Team) und Situation. Zuweilen wird es an dieser Stelle kompliziert, nämlich wenn jemand zwei (oder mehr) «Hüte» gleichzeitig auf dem Kopf trägt.

Dies kann in der Beziehung Therapeut-Klient dann sein, wenn der Klient auch Ihr Freund bzw. Ihre Freundin ist. Es stellt sich dann zum einen die Frage, ob Sie den «Hut» Freund/Freundin, währen der Therapie gänzlich ablegen können – und kann das auch Ihr Klient?

Wie ist es außerhalb der Beziehung Therapeut-Klient?

Dann sollten Sie den «Hüte» Freundschaft auf haben. Der «Hut» Therapeut-Klient sollte abgelegt sein. Dies kann zu schwierigen Situationen führen, dann wenn z.b. Ihr Klient in seiner Rolle als Freund/Freundin einen therapeutischen Ratschlag außerhalb der Therapeut-Klienten-Situation von Ihnen erwartet erwartet oder Sie einen solchen therapeutischen Ratschlag geben möchten.

Eine klare Definition der Grenze zwischen den Hüten «Therapeut-Klient» und «Freund/Freundin» ist vielleicht für Sie klar, ob dies aber bei der anderen Person in genau der gleichen Weise so ist, ist mehr als fraglich. Sobald Sie gemeinsam nach einer gemeinsamen Definition suchen, ist es schwierig, welche «Hüte» Sie bei dieser Suche auf haben. Sind es die Hüte «Therapeut-Klient», definieren Sie die Beziehung «Freund/Freundin» als etwas, das außerhalb dieser Beziehung ist. Ebenso kann es umgekehrt sein, wenn Sie die Hüte «Freund/Freundin» auf haben. Meist gibt es noch mehr «Hüte», sodass ein entweder/oder nicht ganz passend ist. Dann z.B., wenn Sie sich zusammen mit den Partnern zu viert treffen. In diesem Fall hat jeder von Ihnen auch den Hut «Partner» auf. Dieser ist aber sowohl von den Hüten «Therapeut-Klient» als auch «Freund/Freundin» verschieden.

4. Die Ziele

- ### Was soll dabei herauskommen?

Sie und der Klient haben jeweils eine Vorstellung eines oder mehrerer Ziele. Diese Vorstellung kann am Anfang sehr nebulös sein. Dass es aber vorhanden ist, kann man leicht durch eine Zielvorstellung erkennen, die dem Ziel entgegensteht → Das wohl drastischte Beispiel wäre das Ziel „Selbstmord". Man kann schnell erkennen, dass das oder die Ziele in einer Besserung bestehen. In welcher Weise „Besserung" definiert werden kann, hängt von vielen verschiedenen Umständen, wie. z.B. die Situation oder die Beschwerden, ab.

Ziele zu definieren bedeutet noch nicht zwangsläufig, dass es sinnvoll ist, diese auch genau so zu erreichen. Dies liegt häufig daran, dass ein Ziel bzw. eine Zielvorstellung das verdeckt, was man eigentlich erreichen möchte. So kann z.B. beim Symptom „Kopfschmerzen", das erste Ziel darin liegen, dass man sie gerne weg haben möchte. Die Kopfschmerzen können aber auch sehr stark in das soziale Gefüge des Klienten eingreifen. So kann es ihn vielleicht viel mehr belasten, dass es „wegen der Kopfschmerzen" nicht ausgelassen mit seinen Freunden lachen kann. Dabei kann sich mit der Zeit aber herausstellen, dass sein eigentliches Problem seinem Umgang mit seinen Freunden liegt und die Kopfschmerzen lediglich ein Symptom sind, aber nicht die Ursache des Problems. Wird mit der Zeit das eigentliche Problem herauskristallisiert, so muss sich auch das Ziel von „Kopfschmerzen beseitigen" hin zur Lösung des gefundenen Problems verändern.

Ein Problem, welches immer wieder auftritt ist, wenn die eigene Zielvorstellung nicht mit der Zielvorstellung des Klienten kompatibel ist. Dies kann bereits dann auftreten, wenn die Methoden zur Erreichung des Ziels nicht zusammen passen.

Es ist auch möglich, dass die inneren Werte des Ziels des Klienten mit Ihren inneren Werten nicht zusammenpassen und Sie daher den Klienten nur schwer auf seinem Weg unterstützen können. Dies trifft häufig bei stark kulturell oder religiös geprägten Weltbildern auf.

Eben wegen diesen Fragestellungen ist es wichtig, Ziele zu definieren. Nur so haben Sie Referenzpunkte für die weitere Gestaltung. Zudem sind Ziele auf die Zukunft ausgerichtet, was eine Motivation für Veränderungen beinhaltet.

Innerhalb der Motivation der Veränderung können Sie sehr gut Bezug auf die Ressourcen des Klienten nehmen und sie stärken.

* <u>Welcher Informationsstand?</u>

Kennt sich der Klient bereits in der von Ihnen vorgegebenen Richtung aus? Haben Sie genügend Informationen für die Problemstellung des Klienten?

Wenn Sie sich diese zwei Fragen durch den Kopf gehen lassen, werden sich Ihnen weitere Fragen stellen. Einmal, wie Sie das Verhältnis Therapeut-Klient sehen und zum anderen, wie weit Sie sich für diesen Fall engagieren möchten, um z.B. durch aufwendige Recherchen neue Informationen zur Problemstellung des Klienten zu beschaffen.

* <u>Welche Handlungsbereitschaft?</u>

Was sind Sie bereit für den Klienten zu tun? Eine ähnliche Frage wie beim vorangegangenen Punkt.

Was ist der Klient bereits für Sie zu tun (also Ihre Vorschläge umzusetzen) und für sich zu tun (dies kann auch gegenläufig zu Ihren Vorschlägen sein). In unserer Zeit ist es häufig anzutreffen, dass eine Verbesserung ohne Veränderung gewünscht wird. Dies wird u.a. durch Medikamentenwerbung unterstützt, bei der man den Eindruck gewinnt, dass man nur jenes Medikament nehmen muss, damit es einem gut geht und man so weiter machen kann, wie gewohnt.

Ist der Klient nicht bereit, Veränderungen vorzunehmen, so können Sie nicht mit ihm arbeiten, außer Sie haben das Recht, Medikamente zu verschreiben und glauben zudem noch daran, dass eine Lösung dadurch erreicht werden kann.

Friedemann Schulz von Thun schreibt: (6) Die Treffen, von denen wir hier sprechen, finden nicht um ihrer selbst willen statt: Es soll etwas dabei herauskommen, zum Beispiel eine Entscheidung, eine Vereinbarung, ein Konzept, ein gemeinsamer Informationsstand, eine bestimmte Handlungsbereitschaft bei der Zielgruppe.

Die Haupt- und Nebenziele, die die Anwesenden in das Treffen hineintragen, werden nicht alle gleich sein – auch das gehört zur «Wahrheit der Situation»; daher ist in der Abbildung das Geflecht der Ziele durch ein Fadengewirr symbolisiert. Zur Erleichterung einer situationsgerechten Kommunikation ist es dienlich, wenn der Leiter seine Zielsetzung allgemeinverbindlich herausstellt, unter Umständen auch, was *nicht* die Zielsetzung sein soll. Zum Beispiel: «Es soll heute (noch) *nicht* darum gehen, *Lösungen* zu erarbeiten. Sondern den Ist-Zustand so deutlich wie möglich zu beschreiben, mit all seinen Aspekten – so dass wir sehen können, ob Handlungsbedarf besteht, und wenn ja, wo!»

Der *Gehalt einer Situation* ergibt sich aus diesen vier Komponenten; ich spreche auch gern, ein Wort Karin von der Laans aufgreifend, von der «Wahrheit der Situation» (vgl. «Miteinander reden 1», S. 123) und meine damit die Summe all jener Umstände, welche in der Situation enthalten sind, ihren Schwerpunkt definieren und die psychische Realität der Anwesenden beeinflussen. Wenn du, mein Freund, Kummer hast und meinen Beistand suchst, weil deine Frau sich in einen anderen verliebt hat, dann kann ich dir kein Berater sein, wenn ich derjenige bin, welcher ...

Vielleicht macht es Sinn, dass wir darüber sprechen, aber eine «Beratung» darf und kann es nicht sein, das verstieße gegen die «Wahrheit der Situation».

Machen Sie sich bewusst, dass um so mehr Klarheit Sie über diese vier Punkte haben, Sie um so besser agieren und reagieren können. Sind Problemstellungen, die sich aus der Unklarheit eines oder mehrerer Punkte ergeben haben erst einmal entfernt, so können Sie sich leichter und besser dem Wesentlichen zuwenden. Dies beinhaltet auch, dass Sie bereits sehr früh auf die Ressourcen des Klienten aufmerksam werden können und diese entsprechend nutzen und stärken können.

Hauptthema „Polaritäten"

Es geht hierbei um den Einsatz des dualen Denkens. Wenn wir z.B. „oben" definieren möchten, so können wir dies nur, wenn wir wissen, dass es auch „unten" gibt. Nimmt man Symptom und Ressource als Polaritäten, so kann man sich gut eine Waage vorstellen. Eine Waage, wie man sie früher kannte, bei der auf der einen Seite Gewichte waren und auf der anderen Seite das, was man wiegen wollte. Das Gewicht hatte man dann herausbekommen, wenn beide Seite gleich hoch waren, also waagerecht.

Meist ist es so, dass jene Seite, auf der das Symptom ist, deutlich tiefer ist, als die Seite der Ressourcen. Daher müssen wir die Ressourcen stärken, damit ein Gleichgewicht entsteht. Oft ist es danach so, dass die Waage dann unnütz wird. Sie werden das was Sie wiegen wollen, ja nach dem wiegen nicht weiter auf der Waage lassen. Der Zusammenhang „Gewichte – das zu Wiegende" entfällt.

So sind manche Ressourcen auch nur im Bezug zum Symptom wichtig. Sobald das Symptom sein Übergewicht verloren hat, verlieren auch die Ressourcen ihr Gewicht. Es entsteht eine leere Waage, die waagerecht ist.

Wie immer hinken solche Vergleiche. Denn im Leben können die Ressourcen weiterhin wohltuend weiter wirken. Je nachdem, wie eine Prophylaxe gegen ein Symptom-Übergewicht.

Übung – *Wenn wir auf etwas konzentriert sind, haben andere Gedanken keinen Platz.*

Bitte nehmen Sie sich einen Timer zur Hand, denn nun geht es an eine kleine praktische Übung.

- Bitte machen Sie es sich bequem und schließen für drei Minuten die Augen.
- Denken Sie während dessen an etwas Schönes. Das kann etwas reales oder fiktives sein.

<u>WICHTIG</u>
Bitte lesen Sie die Frage für nach der Übung wirklich erst nach der Übung. Ansonsten funktioniert die Übung nicht mehr!

Schön, dass Sie die Übung gemacht haben!
Nun die Frage: Haben Sie während dessen an Probleme gedacht?

Wenn Sie wirklich zur Ruhe gekommen sind, so werden Sie ziemlich sicher an kein Problem gedacht haben. Sie haben drei Minuten erlebt, die schön waren – drei Ressourcen-Minuten.

Der Patient ist gedanklich meist auf sein Problem und sein Symptom fixiert. So wie Sie sich für drei Minuten auf etwas Schönes fixiert haben, fixiert er sich viel länger, auf sein Problem und Symptom. Dies erklärt auf einfache Weise, das

Übergewicht der Problem-Symptom-Seite der Waage, gegenüber der Ressourcen-Seite.

Die Fixierung auf das Problem steht der Genesung in der Weise im Weg, dass das Symptom der Angelpunkt der Gedanken ist. Für die Gedanken muss es also vorhanden sein und bleiben. Wir müssen also einen neuen Bezugspunkt finden.

Hier bietet sich unser duales Denken an, bei dem alles mindestens zwei Seiten hat.

Übung – *Lernen Sie auch die andere Seite kennen.*

- Nehmen Sie sich bitte jetzt zwei Blatt Papier zur Hand.
- Schreiben Sie auf dieses Blatt Papier Ihre größten Probleme.
- Nehmen Sie sich hierzu wieder drei Minuten Zeit.

- Suchen Sie sich jetzt das Hauptproblem Ihrer Liste heraus.
- Schreiben Sie auf das zweite Blatt „(Ihr ausgesuchtes Problem) ist mein größtes Problem ohne Lösung.
- Konzentrieren Sie sich drei Minuten auf diesen Aufschrieb.

Ist Ihr Problem geringer oder größer geworden? Ich nehme an, dass es entweder verstärkt wurde, oder Sie doch angefangen haben Lösungen zu suchen.

Sollte es Ihnen jetzt schlechter gehen, so empfehle ich Ihnen, sich drei Minuten Zeit zu nehmen und nochmals die erste Übung zu machen.

Diese kleinen Übungen zeigen sehr gut auf, welche Größenordnung unsere Vorstellungskraft hat. Dies wird später in diesem Buch noch näher behandelt.

Milton Erickson „Therapeut sein"

Auf die Vorstellungskraft des Klienten hat Milton Erickson große Teile seiner Arbeit aufgebaut. Oft hat er es geschafft, allein durch eine andere Sichtweise (also auch andere Vorstellung) eine Lösung herbeizuführen.

Im nächsten Text geht es in erster Linie um das „Therapeut sein", nachdem es Anfang beim Vier-Komponenten-Modell von Schulz von Thun vor allem um Punkte der Beziehung Therapeut-Klient ging.

Welche Veränderungen sollte man machen?[3] (7)

Statt umfangreiche oder wesentliche Verhaltensänderungen anzustreben, zieht Erickson es normalerweise vor, kleine Änderungen bei Verhaltensweisen anzuregen, die die Verhaltensmuster des Klienten einfach – jedoch ausreichen – so weit verändern, dass dauerhafte und sinnvolle Ergebnisse erreicht werden können.

---

3 Aus: Phoenix, Therapeutische Strategien von Milton H. Erickson. Von David Gordon & Maribeth Meyers-Anderson. ISKO-PRESS Hamburg, Copyright 1981, ISBN 3-921648-69-6

Kommentare in [...] von Gregor Peters (2010)

Interessante Website: Milton Erickson Gesellschaft (MEG): www.meg-hypnose.de

Diese Methode ist gerechtfertigt und ratsam. Sie ist gerechtfertigt, weil die Erfahrung zeigt, dass sogar geringfügige Veränderungen des Verhaltensmusters, die Rück- und Vorwärts-kopplung zwischen der inneren Erfahrung, dem äußeren Verhalten und der äußeren Welt verändern.

[Wir müssen unser Inneres so weit wie möglich in unserem Äußeren bestätigen. Unser Inneres besteht zu großen Teilen aus den Erfahrungen unseres Lebens und deren Interpretation. Passt die Interpretation des Erfahrenen nicht mehr mit unserer Realität zusammen, bekommen wir Probleme.

Stellen Sie sich vor, Sie interpretieren etwas als Apfel, es handelt sich aber um einen Stein. Beim Zubeißen führt dies zu einem ernsten körperlichen Problem. Bei Interpretationen von Geschehnissen und Situationen verhält es sich ebenso.]

(8) Wie die Maschine ist das Verhaltensmuster ein geeichten homöostatisches System, und wenn Teile davon entfernt oder leicht entfernt werden, muss die ganze Maschine in gewisser Weise neu geeicht werden, um dieser Veränderung zu entsprechen.

[Häufig erfährt man bei innerlichen Veränderungen auch Veränderungen, die man der betreffenden Person direkt ansieht. Neue Frisur oder andere Kleider. Ein anderer Gang oder veränderter Gesichtsausdruck.

Schwierig wird es häufig bei äußeren Veränderungen, die dem inneren Zustand (noch) nicht entsprechen. Dies sieht man u.a. bei den Teilnehmerinnen von „Germanys next Topmodel", wenn es an die Veränderung der Frisur geht → Resistenzen sind hier vorprogrammiert.

Bei einer Veränderung, die man vom Klienten wünscht, hat man durch eine kleine Veränderung, die etwas vom Inneren des Klienten beinhaltet mehr, als von einer großen Veränderung, die abgelehnt oder (noch) nicht umgesetzt werden kann.]

(9) Fast immer finden es Klienten auch angenehmer, kleine Veränderungen vorzunehmen statt größere. Bewusst oder unbewusst stören Klienten oft ihre eigene Weiterentwicklung und schrecken vor den Vorschlägen zurück, das „große Ganze" zu verändern, oder sie sabotieren diese Vorschläge.

[Stellen Sie sich Ihre eigenen Probleme vor, wenn es sich um so scheinbar einfache Umstellungen wie die Schlafzeiten, den Essensrhythmus oder das pünktliche (nicht zu früh und nicht zu spät) Erscheinen bei Terminen geht.

Für eine Umstellung muss die Motivation (man findet das Problem, das man hat, sehr gravierend) sehr hoch sein.]

(10) Da Erickson seine Interventionen unauffällig und an scheinbar unwichtigen Objekten vornimmt, geht er einem unproduktiven und unnötigen Zusammenstoß mit gegensätzlichen Bestrebungen aus dem Weg. Diese kleinen Interventionen Ericksons ausdrücklichem Wunsch, den Menschen beizustehen, aus eigenen Kräften zu leben. Erickson beschränkt seine therapeutische Rolle auf ein offensichtliches Minimum und unterstützt so in seinem Klienten die Erfahrung, selbst für die vorgenommenen Veränderungen verantwortlich zu sein, d.h. er schafft für sie das Bezugserlebnis, dass sie die Fähigkeit haben, sich selbst zu verändern.

[Eigene Veränderungen geben dem Klienten eine Verantwortung. Nimmt der Klient seine Verantwortung, so ergibt sich aus der Verantwortung die Macht, selbst Veränderungen herbeizuführen und in eine Dynamik, weg von „Veränderung = Verlust", hin zu „Veränderung = Chance" zu kommen.]

(11) Wie bei so vielen anderen Wahlmöglichkeiten in der Therapie ist die Entscheidung für eine zweckmäßige und wirkungsvolle Verhaltensintervention das Ergebnis der eigenen Intuition. Wenn wir den Ausdruck „Intuition" benutzen, beziehen wir uns auf den Vorgang, bei dem wir unbewusst auf unseren Wissensvorrat über universelle Muster der menschlichen Reaktionen und des Verhaltens zurückgreifen, die wichtig für den Problem-Kontext sind.

[Universelle Muster sind z.B., dass wenn wir Hunger haben als gesunder Mensch danach schauen, etwas zu essen.

In der Körperhaltung finden wir universelle Muster, wie z.B. den Ausdruck eines traurigen Menschen.

Werden wir bei einer Diskussion verbal angegriffen, so reagieren wir mit einem immer stärkeren „Dagegenhalten" oder einer Flucht in die Stille.

Damit wir unbewusst auf einen Wissensvorrat universeller Muster zurückgreifen können, müssen wir diese Muster erst integriert haben.

Dies kann auf zwei Weisen geschehen:

1. Wir lernen sie unbewusst und können sie nach unserem Gespür abrufen und einsetzen.

2. Wir lernen Sie bewusst, können sie unbewusst abrufen und einsetzen.]

(12) Intuition ist weder vom Zufall abhängig, noch ihrem Ursprung nach genetisch angelegt. Sie ist vielmehr ein direktes Ergebnis unserer Fähigkeit, nützliche Muster menschlichen Verhaltens und menschlicher Erfahrung zu schaffen, sie wahrzunehmen, zu lagern und wieder hervorzuholen, wenn es sinnvoll ist.

[... wenn es sinnvoll ist. Der Sinn von etwas ist die Interpretation der Konsequenz. So macht es kaum Sinn, mit dem Löffel auf den Nagel zu schlagen, noch mit dem Hammer Suppe essen zu wollen. Genauso verhält es sich auch mit den therapeutischen Werkzeugen, die uns zur Verfügung stehen.]

Wenn man fischen geht, bekommt man mit der Genehmigung zum Angeln noch keine Garantie, dass man etwas fangen wird. Der erfahrene Angler weiß jedoch, wo er die Angelschnur ins Wasser fallen lässt, und er weiß, wie man den Köder einholt. Daher wird er vermutlich so viel mit nach Hause bringen, wie er nur darf – im Gegensatz zum perfekt ausgestatteten Dilettanten. Ebenso wird der effektive Therapeut Muster erkennen, aufbewahren und zweckmäßig einsetzen. Wenn er unbewusst handelt, nennen wir diese Fähigkeit „Intuition".

[Beim effektiven Therapeut handelt es sich um einen Therapeuten, dem es weniger darauf ankommt, <u>was</u> er alles einsetzen kann, als vielmehr darauf, <u>wie</u> er etwas einsetzten kann, damit es dem Klienten möglichst gut weiter hilft.]

(13) Als Therapeuten entdecken wir, wie wichtig es ist, mit Interventionen zu experimentieren, Intuition dafür zu entwickeln, was funktioniert und was nicht, bei wem und in welchem Kontext. Da das intuitive Geschick eine gelernte Fähigkeit ist, kann es verbessert und geschärft werden. Beginnen Sie mit dem Verhaltensmuster, das Sie ändern möchten und benutzen Sie die verfügbare Intuition, um zu bestimmen,

welche die kleinstmögliche Intervention ist, die gleichzeitig die größtmögliche Veränderung in der gewünschten Weise verursachen wird. Dann probieren Sie es aus. Ist das erfolgreich, versuchen Sie dieselbe Intervention bei einem anderen Klienten mit ähnlichen Problemen. Wenn dies erfolglos verläuft, versuchen Sie eine andere Veränderung des Verhaltensmusters.

[Milton Erickson prägte den Satz: „Wann immer Sie etwas tun, was nicht funktioniert – hören Sie damit auf, und tun Sie etwas anderes".]

(14) Jede durchgeführte Veränderung im Verhaltensmuster wird irgendeine Wirkung auf das Ergebnis haben. Vielleicht ist diese Wirkung genügend eindrucksvoll, um eine durchgreifende und andauernde Veränderung zu bewirken. Vielleicht ist sie es nicht. Ganz gleich aber, welche Intervention Sie machen: Ihr Klient wird irgendwie darauf reagieren, und die Reaktion wird etwas über die Interaktion zwischen der Intervention und dem System, mit dem Sie arbeiten, aussagen. (Auch „keine Veränderung" ist eine Reaktion und daher Information.)

[Da es sich bei Ihrem Klienten um einen Menschen und nicht um einen Gegenstand handelt, wird es immer eine Reaktion geben. Besteht die Interaktion in dem, dass Sie keine Veränderung erzielen können, so kann dies z.B. ein Hinweis darauf sein, dass der Klient Sie nicht versteht bzw. das, was Sie sagen, in seiner inneren subjektiven Welt etwas anderem entspricht, als das, was Sie ausdrücken möchten.

Es kann auch sein, dass er durch die „Nicht-Veränderung" mehr Vorteil als durch die Veränderung hat. Es gibt hier eine Menge verschiedener Möglichkeiten.

Wichtig ist, dass Sie überlegen, welche Informationen Ihnen die Reaktion bzw. „Nicht-Reaktion" an die Hand gibt. Dann können Sie auf der Grundlage Ihres Wissens, in Kombination der erhaltenen Informationen die „guten" Reaktionen weiter fördern oder andere Interventionsmöglichkeiten finden.]

(15) Sie können diese Intervention sogar bei jemandem einsetzen, dessen Problem-Kontext überhaupt nichts mit dem zu tun hat, wofür sie ursprünglich geschaffen wurde. Auf diese Weise stimmen Sie ihre Intuition darauf ein, welche Intervention für welche Verhaltensmuster zweckmäßig ist, bei welchen Individuen und wann.

Und Sie erschließen sich gleichzeitig eine Quelle von Verhaltensmaterialien, aus der zu verallgemeinernde Muster menschlichen Verhaltens abgeleitet werden können.

[Testen Sie vorgeschlagene Veränderungen an sich selbst.

Können und möchten Sie das Vorgeschlagene selbst umsetzen?

Wie fühlt es sich an, welche Reaktionen haben Sie selbst darauf?]

* * *

(16) *(Text von Erickson) Wenn nun Patienten zu dir kommen, kommen sie, weil sie nicht wissen, warum sie eigentlich kommen. Sie haben Probleme ... Wenn sie wüßen, worum es sich handelt, brauchten sie nicht zu kommen.*

[Hier stellt sich die generelle Frage: Ist das Symptom die Krankheit? Ist das Symptom das eigentliche Problem? Ich gehe davon aus, dass die meisten Symptome Lösungsversuche (und je nachdem auch Lösungsmöglichkeiten) des Körpers darstellen.]

(17) *Und da sie nicht wissen, was ihre Probleme eigentlich sind, können sie es dir nicht sagen. Sie können dir nur einen recht verworrenen Bericht darüber geben, das sie denken. Und du mit deinem Hintergrund hörst zu und weißt nicht, was sie sagen.*

[Wir hören alles subjektiv. Unsere Erfahrungen und deren Interpretationen lassen uns das Gehörte entsprechend filtern.

Um eine selektive Wahrnehmung kann kein Mensch herumkommen.]

(18) *Und du musst auch wissen, dass du es nicht weißt.*

[Das sich bewusste Eingestehen des „Nicht-Wissens" hört sich recht einfach an. Es gehört aber zu den schwierigsten Punkten, da wir automatisch auf <u>alles</u> reagieren – und eine Reaktion suggeriert uns bereits ein gewisses Wissen.

Es ist wichtig sich immer wieder klar zu machen, dass die eigene Innenwelt in keiner Weise mit der Innenwelt des Anderen übereinstimmen muss.

Zudem muss einem klar sein, dass die Unterschiede keine Wertung beinhalten, und es immer darum gehen muss, Zugang zu der, dem Klienten eigenen Welt, zu bekommen.]

(19) *Und als nächstes musst du dann versuchen, etwas zu tun, um eine Veränderung im Patienten auszulösen, irgendeine geringfügige Veränderung. Denn der Patient möchte eine Veränderung, so gering sie auch sein, und er wird die geringste Veränderung akzeptieren.*

[Eine Veränderung gibt dem Klienten oft Hoffnung. Diese braucht er, um weitere Veränderungen herbeiführen und auch wieder mehr „aufrecht" sein zu können.]

(20) *Er wird sich nicht damit aufhalten, das Ausmaß der Veränderung zu messen. Er wird es als eine Veränderung akzeptieren, und dieser Veränderung wird er dann folgen, und die Veränderung wird sich in Übereinstimmung mit seinen Bedürfnissen weiter entwickeln. Es ist so, als ob man einen Schneeball den Berg hinunterrollt. Er beginnt als kleiner Schneeball, aber beim Hinunterrollen wird er größer und größer ... und wird dann zu einer Lawine, die sich der Form des Berges anpasst.*

[Es ist wichtig, den Klienten in seiner eigenen Dynamik zu unterstützen. Auch wenn die Richtung nicht der eigenen Richtung entspricht.]

Milton Erickson hat sich immer Lösungen zugewandt. Lösungen sind immer mit der Stärkung einer Ressource verbunden. Die Ressource braucht dafür am Anfang nicht als Ressource empfunden werden. So hat Erickson oft Verhaltensweisen seiner Klienten ausgenutzt, damit diese eine Veränderung herbeiführen konnten. Die Verhaltensweise war die Ressource für die Veränderung.

Über Milton Erickson[4] (21)

Die Arbeit des amerikanischen Psychiaters Milton H. Erickson (1901-1980), der als der bedeutendste Praktiker und Lehrer der modernen Hypnotherapie angesehen werden kann, ist in den letzten 25 Jahren im deutschen Sprachraum immer bekannter geworden.

Inzwischen sind auch die gesammelten Werke von Erickson ins Deutsche übersetzt, und es finden regelmäßig große Tagungen und Kongresse zur Hypnose statt, die - neben anderen Hypnosegesellschaften - großenteils von der Milton H. Erickson Gesellschaft (M.E.G. e.V. München) organisiert werden.

Erickson entwarf eine Vielfalt origineller Lösungsstrategien (strategischer Ansatz) und bereicherte das therapeutische Interventionsrepertoire ganz wesentlich durch seine hypnotherapeutischen Ansätze.

Sein eigentliches Genie bestand wohl darin, klientenspezifische Persönlichkeitseigenschaften, Fähigkeiten, Lebenserfahrungen und Erinnerungen als therapeutische Ressourcen in kurzzeittherapeutischen Verfahren so zu aktivieren,

---

4   Von der Homepage der Milton Erickson Gesellschaft (MEG) http://www.meg-hypnose.de/index.php?id=34

Sie finden auf dieser Website viele weitere Informationen zu Milton Erickson und artverwandten Themen.

dass sie dem Klienten zur Realisierung seiner eigenen Ziele wirkungsvoll verhelfen (Utilisationsansatz). Man kann seine Methode vielleicht beschreiben als: "Alles zu nutzen, was hilft"!

Erickson's Würdigung des Menschen als einzigartiges Individuum setzte er um, indem er für den therapeutischen Prozess nutzte, was immer der Klient in der Sitzung anbot oder in die Praxis "mitbrachte". Erickson versuchte, den Klienten in seiner persönlichen "Realitätskonstruktion", in seiner individuellen inneren Welt von Einstellungen, Werten, subjektiven Erfahrungen und Interpretationen zu verstehen und zu begegnen. Und er war sehr erfolgreich darin!

Ericksons Kreativität in der Wahrnehmung von Details, im Umgang mit allen Botschaften des Klienten, im strategischem Denken und psychotherapeutischen Handeln ermöglichte es ihm, dem Klienten in seiner subjektiven Welt zu begegnen und somit manchmal schnelle und gewissermaßen genial-einfache Lösungen oder Wege zur Veränderung zu finden.

Émile Coué[5]

geboren am 26. Februar 1857 in Troyes — gestorben am 2. Juli 1926 in Nancy

Émile Coué hat Anfang des 20. Jahrhunderts äußerst erfolgreich im Bereich der Suggestionstherapie gearbeitet. Einige Informationen über ihn erhalten Sie unter dem folgenden Link: www.-coue.org

Vor längerer Zeit habe ich eine Aufnahme von Émile Coué gefunden, die ich verbessert und auf die Wege-zur-Selbstfindungsseite hochgeladen habe. Sie macht sehr deutlich, wie stark die Zeit und ihre gesellschaftlichen Strukturen an der Wirksamkeit und dem Verständnis von Methoden beteiligt sind. So funktioniert auch heute die Suggestion (sie wurde ja innerhalb der Werbung perfektioniert), die Menschen stehen aber in einem anderen Bezug zum Therapeuten und befinden in einer anderen Gesellschaftsstruktur.

Hören Sie sich einmal die Aufnahme an. Sie werden schnell merken, dass es mehr ist, als die alte Aufnahme und die französische Sprache, die einen den Klang etwas fremd vorkommen lässt.

---

5 Als weiterführende Literatur empfehle ich Ihnen das Buch „Autosuggestion" von Émile Coué. Es ist eine Sammlung verschiedener Texte. Erschienen im Oesch Verlag unter der ISBN 978-3-0350-1507-2.

Die Aufnahme finden Sie unter:
WegeZurSelbstfindung.de/Coue.mp3[6]

Émile Coué hat vier Gesetze definiert, die den Zusammenhang von Vorstellungen und Wirkungen gut definieren. Dabei spricht er selbst davon, dass die mathematischen Bezüge nicht wörtlich zu nehmen sind. Vielmehr sollen Sie eine subjektive Größenordnung wiedergeben.

1. Im Widerstreit zwischen Wille und Vorstellungskraft siegt letztere ausnahmslos.

2. Im Konflikt zwischen Wille und Vorstellung beträgt die Vorstellungskraft — bildlich gesehen — soviel wie das Quadrat der Willenskraft.

3. Sind Wille und Vorstellungskraft gleichgerichtet, so addieren sie sich nicht, vielmehr ist die Endkraft das Ergebnis einer Multiplikation beider Energien.

4. Die Vorstellungskraft ist lenkbar.

---

6   Den deutschen Text zur Aufnahme finden Sie im Buch „Autosuggestion" von Émile Coué.

1. Im Widerstreit zwischen Wille und Vorstellungskraft siegt letztere ausnahmslos

Stellen Sie sich jetzt bitte auf <u>keinen Fall</u> vor, dass Sie in eine saure Zitrone beißen!

Sie merken, dass Sie sich der Vorstellungskraft auch mit dem größten Willen nicht entziehen können. In diesem Beispiel noch verstärkt durch das, dass es nicht möglich ist, sich etwas nicht vorzustellen.

Dieses Gesetz nennt man auch <u>das Gesetz der gegenteiligen Wirkung</u>.

Leslie M.LeCron schreibt über Coué:[7] (22)

Das System von Emile Coué

... Coué leitete eine Klinik für Autosuggestion in Nancy und seine Erfolge machten ihn in der ganzen Welt berühmt. Er war eigentlich Apotheker, hatte sich dann aber der Erforschung der Psychologie und der Suggestion zugewandt.

... Eine seiner Methoden war, Tag für Tag die Suggestion zu wiederholen: »Mir geht es jeden Tag in jeder Beziehung besser und besser.«

---

[7]   Dem Buch „Selbsthypnose" von Leslie M.LeCron entnommen. Verlag Goldmann, ISBN 3-442-10692-3.

Ich kenne diese Autosuggestion in folgendem Wortlaut: „Es geht mir jeden Tag in jeder Hinsicht immer besser und besser!"

Bei der Anwendung von Autosuggestionen und Affirmationen geht man davon aus, dass man sich selbst positiv beeinflussen kann. Es ist also ein Werkzeug, die eigenen Ressourcen zu stärken, wenn man es richtig anwendet.

Eine Sache ist dabei aber besonders zu beachten: Man muss glauben, was man sich selbst vorgibt. Hat man das Gefühl, dass man sich anlügt, wird dieses Gefühl gegenüber der bewusst angewandten Autosuggestion überwiegen, ganz nach dem von Coué formulierten Gesetz: „Im Widerstreit zwischen Wille und Vorstellungskraft siegt letztere ausnahmslos."

Leslie M.LeCron: (23) Am Anfang hatte er *(Coué)* seine Suggestionen noch genau und bis ins einzelne formuliert. Diese Suggestionen waren durchaus wirksam. Später kam er jedoch zu dem Schluss, dass eine generelle, nicht auf einen speziellen Fall zugeschnittene Suggestion, die es bewusst vermied, dem Unterbewusstsein einen bestimmten Auftrag zu geben, noch besser sei. Von einer solchen Suggestion war zu erwarten, dass sie alles, was man erreichen will, beinhaltet und nicht nur ein bestimmtes Ziel. Diese Formel ist von unbestrittenem Wert.

... Er formulierte mehrere wichtige Grundlagen und Gesetze der Suggestion. Eines davon bezeichnete er als **das Gesetz der umgekehrten Wirkung**. Coué sagte: »Wenn man denkt, „ich möchte dies tun, kann es aber nicht" (ein negativer Gedanke), so wird der Betreffende um so weniger Erfolg haben, je mehr er sich anstrengt.

Dies ist sehr häufig eine Konstellation, die wir vorfinden, wenn wir ein als belastend oder krankhaft eingestuftes Symptom haben. Ihr Klient wird bereits anderes versucht haben. Es ist sehr selten, dass er direkt, ohne Selbstversuch, zu Ihnen kommt. Daher wurde er bereits in seinem Glaubenssatz bestärkt, dass er es „nicht kann" - was immer er sich vorgenommen hatte. Es zu tun.

Sie werden wohl auch nicht als erstes dieses Buch lesen, sondern ebenfalls bereits den Satz selbst erlebt haben: „ich möchte dies tun, kann es aber nicht" welcher mit der Erfahrung zu „ich wollte das tun, konnte es aber nicht" wurde. Sei es nun im Bezug zu einem Symptom oder anderer Probleme.

Schnell wird klar, dass dieser, wenn auch unbewusst, ablaufende Gedankengang einen im Symptom und/oder Problem hält und einer Stärkung von Ressourcen entgegen steht.

Leslie M.LeCron: (24) Auf ungefähr der selben Linie liegt die Wirkung des Ausdrucks: »Ich werde es einmal versuchen«. Hier schwingt die Erwartung eines Misserfolgs mit. Jedes Unternehmen sollte in einem positiven Geist begonnen werden. Es heißt nicht: »Ich werde es versuchen«, sondern »Ich werde es tun!«

Für diesen Satz müssen Sie aber bereits die innere Sicherheit haben, dass Sie es tun können. Daher ist es wichtig, dass Sie Ihre bzw. die Ressourcen Ihres Klienten finden, damit die Sicherheit des „ich werde es tun" auf dem Fundament dieser oder diesen Ressourcen stattfinden kann. Sonst kommen gleich bei der ersten Schwierigkeit Sätze wie „das wusste ich doch gleich, dass ich das nicht schaffe" hoch. Solche Gedanken halten einen aber in bisherigen Gedanken und Vorgehensweisen gefangen, die eine Veränderung blockieren.

Leslie M.LeCron: (25) Folgende Situation verdeutlicht das Gesetz der umgekehrten Wirkung. Wenn ein 4 m langes Brett auf dem Boden gelegt wird, so kann man, nahezu ohne einen Blick darauf zu werfen, darübergehen. Wenn man dasselbe Brett 80 cm über dem Boden über zwei Stühle legt, dann wird es ebenfalls noch kaum Schwierigkeiten machen, entlang des Brettes zu gehen. Man wird höchsten ein bisschen mehr aufpassen. Aber legen Sie es einmal auf die Dachkanten zweier gegenüberliegender zehstöckiger Gebäude, und versuchen Sie dann darüberzugehen! Furcht und Zweifel würden Sie befallen und das Gesetz der umgekehrten Wirkung käme zur Geltung. Entweder würde man sich überhaupt nicht auf das Brett hinauswagen oder herunterfallen.

… Baudoin belegt die Wirksamkeit dieses Gesetzes mit einem anderen Fall. Jemand, der gerade lernt Fahrrad zu fahren und noch unsicher ist, sieht einen Baum vor sich. Er wird sofort unsicher, und während er verzweifelt versucht, den Baum zu vermeiden, wird er todsicher hineinfahren.

Coué bemerkte einmal sehr weise: **»Wenn die Phantasie und der Wille in Widerstreit liegen, so wird die Phantasie immer die Oberhand gewinnen.«** Mit anderen Worten: Das Unterbewusstsein wird sich immer gegen das Bewusstsein durchsetzen.

Ein weiterer Beitrag Coué's zur Kenntnis des Unterbewusstseins war sein sogenanntes »Gesetz der überlegenen Anstrengung« – jeder Gedanke ist bestrebt, sich zu verwirklichen, und die stärkere Gefühlsregung hebt immer die schwächere auf.

Immer wieder treffen wir Entscheidungen, wobei mehrere verschiedene Strömungen in uns sind. Bei Extremsituationen kann man den Satz „jeder Gedanke ist bestrebt, sich zu verwirklichen, und die stärkere Gefühlsregung hebt immer die schwächere auf" gut verstehen. So geht man z.B. ein deutlich höheres Risiko ein, ist das eigene Kind noch in einem brennenden Haus. Man wird versuchen, es zu retten, auch wenn lebensgefährlich ist.

Auch bei weniger extremen Situationen kann man diese Aussage wiederfinden: „Mir geht es gut, hätte ich nur nicht diese Kopfschmerzen". Worauf konzentrieren Sie sich bei diesem Satz? Mehr auf das „gut gehen" oder die Kopfschmerzen?

Die Kopfschmerzen werden wohl „gefühlsbeladener" sein, weshalb sie sich in den Vordergrund drängen.

2. Gesetz von Émile Coué:

Im Konflikt zwischen Wille und Vorstellung beträgt die Vorstellungskraft — bildlich gesehen — soviel wie das Quadrat der Willenskraft.

Dies kommt daher, dass die Willenskraft mit Tun verbunden ist. Die Vorstellungskraft ist mit Sein verbunden, denn Sie können sich nur aus dem, wie Sie sind etwas vorstellen.

In meinem Powerkurs „Wege zur Selbstfindung"
schreibe ich folgendes dazu:[8] (26)

Das Tun ist eine Konsequenz des Seins – noch
einmal – das Tun ist eine Konsequenz des
Seins!

Es ist einer meiner Schlüsselsätze, um zu verstehen, wie das Leben funktioniert. Dabei spreche
ich absichtlich vom Leben und nicht von der
Gesellschaft. Dort ist es nämlich oft umgekehrt.

Ein Beispiel:

Stell Dir vor, Du wärst ein Hund.

Du kannst Dich anstrengen wie Du willst, alle
möglichen Sachen lernen, damit Du Dich wie
ein Mensch verhältst. Am Ende bleibt Dein
Seinszustand aber *Hund,* und Du wirst lediglich
einen Menschen nachahmen, aber keiner sein.

Du bist ein Mensch.

Du kannst bellen und auf allen Vieren gehen,
ganz wie ein Hund.

Auch mit der größten Anstrengung wirst Du
Dich vielleicht sehr ähnlich einem Hund verhalten, bleibst doch aber immer ein Mensch.

---

8   Es handelt sich um den Anfang des Schritts 22 „Das
     Tun ist eine Konsequenz des Seins".
     Weitere Informationen zum Kurs erhalten Sie auf
     WegeZurSelbstfindung.com

Was lernst Du daraus?

Das, was Du bist, bestimmt Dein Tun.

- Möchtest Du liebevoll sein, musst Du in Dir liebevoll sein.
- Möchtest Du verständnisvoll sein, so musst Du in Dir verständnisvoll sein.
- Möchtest Du erfolgreich sein, so musst Du in Dir erfolgreich sein.
- Möchtest Du? – Was immer Du möchtest, die entsprechende Qualität musst Du in Dir finden.

Es gibt auch die Konstellation, in der Sie etwas tun müssen, was Ihnen nicht entspricht. Dann wird dieses Tun Auswirkungen auf Ihr Sein haben.

Dies kennt man manchmal von Menschen, die durch eine Arbeitsstelle und dem daraus folgenden Tun zu einem anderen Menschen werden. Denn wenn nicht ein Teil von Ihnen den Seinszustand hat, damit er das (auch wenn dies eventuell verwerflich ist) aufgetragene zu tun, können Sie es nicht tun. Also können Sie letztendlich doch wieder nur das tun, was Sie sind. Allerdings mit der Einschränkung, dass wir viele verschiedene Persönlichkeitseigenschaften in uns tragen und es Ihnen sehr widersprechen kann, dass Sie genau jenes tun müssen, was einer Persönlichkeitseigenschaft entspricht, die Sie nicht wahrhaben möchten oder die Sie als so im Hintergrund empfinden, dass Sie sie eigentlich gar nicht zu haben scheinen. Trotz alledem, irgendwo haben Sie diese Eigenschaft in sich – und was Sie in sich haben ist Teil Ihres Seins.

Die Akzeptanz, solche unerwünschten Persönlichkeitsanteile in sich zu akzeptieren und zu versuchen sie anzuschauen, ist wohl eine der größten Ressourcen die man haben kann.

3. Gesetz von Émile Coué:

Sind Wille und Vorstellungskraft gleichgerichtet, so addieren sie sich nicht, vielmehr ist die Endkraft das Ergebnis einer Multiplikation beider Energien.

Die Basisreferenz ist die Grundlage der Wirkung.

Negatives Beispiel: Hat man z.B. einen Mangel an etwas, so wird ein Wunsch auf diesem Mangel basieren. Durch den Wunsch wird der Mangel bekräftigt.

oder:

Steht einem Ziel ein negatives Ziel entgegen, kann man das primäre Ziel kaum erreichen.

Steht dem primären Ziel dagegen ein gleichgerichtetes zweites Ziel bei, so hat man Power, ist „ent-blockiert" und hat gute Chancen, das Ziel zu erreichen.

Wie viel der Wille und die Vorstellungskraft ausmachen, kann man gut an einer Studie über das Positive Denken sehen. Ich bin wohl dafür, dass man sich dem Negativen in seinem Leben stellt, trotzdem sehe ich in den Bereichen der aktiven positiven Beeinflussung große Möglichkeiten fürs eigene Leben. Dies scheint mir bei den Forschern um Joanne Wood, die die Studie durchgeführt haben, anders gewesen zu sein.

Eine eigentlich neutrale Studie wurde so gestaltet, dass sie gegen eine positive Beeinflussung von Autosuggestionen ausfallen musste. Dies wäre, wäre ich Proband gewesen, nicht anders gewesen.

Der Artikel aus Bild der Wissenschaft ist bereits folgendermaßen betitelt: (27)

Die negativen Folgen vom positiven Denken[9]

… Die beliebte Aufforderung, positiv zu denken, kann auch nach hinten losgehen: Gerade Menschen mit einem wenig ausgeprägten Selbstbewusstsein, denen die Technik eigentlich helfen soll, profitieren nicht davon, wenn sie sich beispielsweise auf Sätze wie "Ich bin eine liebenswerte Person" konzentrieren.

---

9   Der Text ist dem gleichnamigen Artikel entnommen. Den ganzen Artikel finden Sie unter www.wissenschaft.de/wissenschaft/news/304978.html

Sie fühlen sich im Gegenteil sogar schlechter als ohne die Selbstsuggestion, haben US-Psychologen jetzt nachgewiesen.

Besser sei es, sich auf ganz konkrete Eigenschaften der Betroffenen zu konzentrieren und diese statt der stark verallgemeinerten Statements hervorzuheben, berichten die Forscher.

Die Forscher um Joanne Wood von der Universität in Waterloo konzentrierten sich in ihrer Studie auf Aussagen, die laut einer Reihe von Ratgeberbüchern das Selbstbewusstsein stärken und eine positive Einstellung zum Leben fördern sollen.

Daraus wählten sie gezielt den Satz "Ich bin eine liebenswerte Person" aus, weil die Fähigkeit, sich selbst zu lieben, ein wesentlicher Bestandteil eines guten Selbstbewusstseins ist. In einer Reihe von Tests untersuchten sie dann, ob und wenn ja, wie die Aussage Stimmung und Gefühle von Freiwilligen beeinflusste.

Dazu teilten sie die Teilnehmer in eine Gruppe mit großem und in eine mit eher wenig ausgeprägtem Selbstbewusstsein ein. Beide Gruppen bekamen dann unter anderem die Aufgabe, ihre Gedanken und Gefühle zu Papier zu bringen, Fragen zu beantworten und anzugeben, ob sie gerne an verschiedenen angenehmen Aktivitäten teilnehmen würden. Ein Teil der Probanden hörte dabei alle 15 Sekunden einen Gong und sollte sich dann jeweils selbst den Satz "Ich bin eine liebenswerte Person" vorsagen. Bei den Teilnehmern mit gering ausgeprägtem Selbstbewusstsein verschlechterte das Aufsagen des Satzes messbar die Stimmung, den Optimismus und die Bereitschaft, an Aktivitäten teilzunehmen, zeigte die Auswertung. Diejenigen mit einem guten Selbstbewusstsein profitierten dagegen zwar leicht von der Autosuggestion, der Effekt war jedoch nicht besonders ausgeprägt.

Stellen Sie sich einmal vor, Sie würden beim Lesen dieses Buch alle 15 Sekunden einen Gong hören. Bereits ein solch kurzer Zeitabstand des Gongs würde es machen, dass Sie zumindest am Anfang deutlich in Ihren Gedanken gestört würden. Mit der Zeit würden Sie den Gong wahrscheinlich integrieren und nicht mehr bewusst wahrnehmen.

Sie aber alle 15 Sekunden etwas zu sagen oder vorzustellen, unterbricht den jeweiligen Gedanken. Man braucht nicht viel vom Menschen zu verstehen, damit klar ist, dass dies keinen positiven Einfluss haben kann.

Durch eine Methode, die den Zeitrhythmus in den Vordergrund gestellt hat und nicht den sich zu sagenden Satz, kam auch ein entsprechendes Resultat heraus.

Passen Sie also auch bei scheinbar wissenschaftlichen Meldungen oder Nachrichten auf, ob nicht Informationen fehlen (zumindest bei der dargebotenen Weise) oder etwas auf eine falsche Referenz aufbaut.

4. Gesetz von Émile Coué:

Die Vorstellungskraft ist lenkbar.

Dies haben Sie bereits bei den zwei Übungen der Seiten 35 und 37 erfahren.

Eine kleine Geschichte, die Ihre Vorstellungskraft anregt. Sie entstammt dem Buch „Die Kunst des Gedankenlesens" von Henrik Fexeus.[10] (28)

Stellen Sie sich vor, Sie gehen am Strand entlang. Sie sind barfuß und spüren, wie der Sand unter Ihren Füßen nachgibt. Es ist Abend, deswegen fühlt sich der Sand schön kühl zwischen Ihren Zehen an. Die Sonne steht schon tief am Horizont, so dass Sie blinzeln müssen, um nicht geblendet zu werden.

---

10 Henrik Fexeus: Die Kunst des Gedankenlesens, Verlag Goldmann – ISBN 978-3-442-17084-5

Das einzige Geräusch, das Sie hören, ist die Brandung, und ab und zu der Schrei einer Möwe, die übers Wasser gleitet. Sie bleiben stehen und atmen tief ein, Sie riechen Tang. Sie entdecken eine Muschel im Sand und heben sie auf. Sie halten sie in der Hand und streichen mit dem Daumen über die leicht raue, weiße Oberfläche. Sie stecken die Muschel in die Tasche und gehen weiter. Jetzt hören Sie plötzlich Gelächter und Stimmengewirr, und in der Ferne sehen Sie im Gegenlicht Silhouetten von Menschen, die auf einer Caféterrasse sitzen.

Sie riechen den Duft von Essen und merken, wie hungrig Sie sind. Ihnen läuft das Wasser im Mund zusammen, und je stärker der Geruch und die Geräusche werden, umso schneller gehen Sie.

Wie nach der Übung, bei der Sie drei Minuten an etwas Schönes denken sollten, frage ich Sie auch hier: Haben Sie während des Lesens an ein Problem gedacht?

Nutzen Sie die Möglichkeit, sich selbst positiv zu beeinflussen – denn das ist bereits eine Stärkung Ihrer Ressourcen.

Wie Sie bemerkt haben, geht dies recht einfach und benötigt recht wenig Zeit. (Allerdings manchmal eine gewisse Überwindung.)

Sowohl in der Übung als auch in der Geschichte geht es darum, durch die Vorstellungskraft etwas Positives in sich auszulösen.

Es gibt auch die Möglichkeit, sich durch etwas beeinflussen lassen, das an uns herangetragen wird. Dies wäre z.B. der Fall, wenn ich Ihnen die Geschichte von Henrik Fexeus vorgelesen würde. Aber immer noch hätten Sie das gehörte in innere Bilder und Vorstellungen umsetzen müssen, die dann die Reaktionen in Ihnen ausgelöst hätten. Schneller und direkter geht es, wenn man die Bilder (und auch die Eindrücke der anderen Sinne) direkt bekommt.

Es gibt hierzu einen kleinen Film, der, wie ich finde, ganz gut aufzeigt, was ich meine. Zudem macht der Film viel Spaß zum Anschauen. Sie finden ihn bei YouTube unter der Adresse www.youtube.com/watch?v=hlw6Yk4WT2I.

Es kommt natürlich darauf an, wie sehr Sie sich in solch einen Film hineingeben können. Bisher hat er aber bei jeder Person, mit der ich diesen oder einen ähnlichen Film angeschaut habe, Reaktionen (also auch Gefühle) ausgelöst. Interessanterweise wurden diese oft mit der Zeit verstärkt. Die Reaktion auf einen Stimulus nimmt also nicht unbedingt mit der Zeit ab, sondern kann sich auch verstärken.

Setzt man dieses Wissen auf den Alltag um, so sind es genau jene Sachen, die sich immer wiederholen, denen man sich bewusst widmen und sie, wenn möglich, positiv verändern sollte, denn hier steckt das meiste Potential, versteckte Ressourcen zu aktivieren.

Um aufzuzeigen, wie stark etwas Körperliches zu Gefühlen führen kann, bitte ich Sie, die folgenden Übungen zu machen.

Praxis

- (29) Bitte schlucken Sie jetzt einmal.
- Warten Sie, bis sich wieder etwas Speichel angesammelt hat.
- Stellen Sie sich vor, Sie spucken Ihren Speichel nun in ein Glas.
- Jetzt trinken Sie es aus.

(Diese Übung wird im Buch „Gedankenlesen" von Henrik Fexeus beschrieben.[11])

Sie werden ein Gefühl des Ekels empfinden. Dies ist eine biologische Reaktion.

---

11 Henrik Fexeus: Die Kunst des Gedankenlesens, Verlag Goldmann – ISBN 978-3-442-17084-5

Wenn dies so ist, wird schnell klar, dass über den Körper Gefühle ausgelöst werden, und dies meist unbewusst.

Des weiteren wird klar, dass bereits die Vorstellung des körperlichen Tuns, Gefühle auslöst.

Praxis

- (30) Beißen Sie die Zähne fest zusammen.
- Runzeln Sie die Stirn.
- Starren Sie auf einen Punkt vor sich.
- Bleiben Sie mehrere Sekunden so.

(Diese Übung wird im Buch „Gedankenlesen" von Henrik Fexeus beschrieben.[12])

Wie ist es Ihnen hier ergangen?

Es wird sich in Ihnen ein gewisses Potential an Wut aufgebaut haben, mit den typischen körperlichen Merkmalen von u.a. erhöhtem Herzschlag und wärmeren Händen.

Dies alleine dadurch, dass Sie eine bestimmte Körperhaltung eingenommen haben.

---

12   Siehe Fußnote 11.

Übung

Eine etwas schwierigere Übung, die ich von Paul Ekman übernommen habe:[13] (31)

- Öffnen Sie den Mund.
- Ziehen Sie die Mundwinkel nach unten.
- Versuchen Sie, bei nach unten gezogenen Mundwinkeln Ihre Wangen hochzuziehen, als wollten Sie die Augen zusammenkneifen; damit üben Sie einen gewissen Zug auf Ihre Mundwinkel aus.
- Halten Sie diese Spannung zwischen den leicht hochgezogenen Wangen und den nach unten gezogenen Mundwinkeln.
- Schauen Sie nach unten und senken Sie die Oberlieder.

Wenn die Übung funktioniert hat, sollte Sie ein Gefühl von Trauer überkommen. Bei mir ist die körperliche Reaktion so stark, dass bei der Übung meine Augen anfangen zu tränen.

Die Bewegungen erscheinen uns recht schwierig, machen wir sie doch aber immer wieder unbewusst, wenn wir Trauer empfinden.

---

13 Paul Ekman: Gefühle lesen, Verlag Spektrum –
ISBN 978-3-8274-2568-3

Um Trauer mitzuempfinden, müssen wir lediglich das Bild einer traurigen Person sehen. Dies wird z.B. oft für Spendenkampagnen ausgenutzt. Überlegen Sie nur einmal an das Bild, welches Sie als letztes für eine Spendenkampagne gesehen haben.

Möchten Sie dagegen mitempfinden, weshalb ein Mensch wütend ist, so müssen Sie dafür den Grund kennen und diesen in Ihrem eigenen Wertesystem auch als akzeptablem Wutauslöser interpretieren.

Im meinem Powerkurses „Wege zur Selbstfindung" schreibe ich in Schritt 74 *„Mitgefühl. Der Zugang, um zu wissen, worum es geht"* zum Thema Mitgefühl: (32)

Mitgefühl bedeutet, dass man sich zu einem Teil in die Gefühlswelt des Anderen hinein versetzen kann. Dies ist unabhängig von den jeweiligen Gefühlen. Freut sich jemand, dann kann man die Freude mitfühlen. Am leichtesten, wenn man versteht, weshalb sich die Person freut. Ist ein Mensch traurig, dann kann man es mitfühlen, vor allem wenn man weiß warum.

Das hört sich einfacher an, als es ist. Denn das Verständnis, warum der andere dieses oder jenes Gefühl hat, ist auf der Basis unserer eigenen Innenwelt – die muss mit der Innenwelt des Anderen in keiner Weise übereinstimmen.

Vor dem Mitgefühl muss also das Verständnis in Dir vorhanden sein, dass der andere Mensch auf jeden Fall anders ist als Du selbst. Denn das, was uns verbindet ist, dass Jeder eigen ist.

Analysiere und spüre nach, was im Anderen vorgeht, wie er zu was steht. Und dann fühle es nach.

Bleibe nicht bei der Analyse stehen, denn sonst wirst Du immer ein Gefühl des getrennt Seins haben.

Mitgefühl ist, wenn in Dir ein Gefühl mitschwingt, was dem Anderen einen Spiegel seiner eigenen Gefühle gibt und er sich somit verstanden und angenommen fühlt.

Praxis

Nutzen Sie diese Übung aus, um bewusst und aktiv sich einer guten Laune hinzuwenden.

Bei mir wirkt die Übung vor allem, wenn ich sie vor dem Spiegel mache und mich ansehe. Andere Personen haben mir aber berichtet, dass eben dieses Anschauen schwierig für sie sei, vor allem wenn sie einen großen Spiegel haben, bei dem sie den ganzen Körper sehen können. Probieren Sie aus, was Ihnen am besten liegt.

- Breiten Sie die Arme weit nach außen aus.
- Lächeln Sie.
- Sagen Sie zehn Mal: *Was ich ausstrahle, strahlt zurück* (am besten laut).

Diese Übung dauert nur sehr kurz, bringt einen aber wunderbar in Schwung. Sie können sie praktisch im Alltag einsetzen, so z.B. wenn Sie kurz alleine im Treppenhaus oder W.C. sind.

Es handelt sich hierbei um eine Kombination von *„aktiver positiver Beeinflussung durch Vorstellungen"* (Sie sagen sich *„Was ich ausstrahle strahlt zurück"*, was automatisch eine, wenn auch zum Teil unbewusste Vorstellung auslöst) und einer *„Bewegung zur positiven Beeinflussung"* (Sie breiten die Arme aus, was eine Öffnung des Brustraums entspricht und schauen sich, wenn Sie mit dem Spiegel arbeiten, an).

Welchen nutzen die Eigenstimulation bringen kann, steht auch bei Franz X. Bühler in seinem Buch *„Vom Kopf ins Herz"*[14] Dieser hat es aller-

14 Franz X. Bühler: „Vom Kopf ins Herz" - P-Verlag – ISBN 978-3-906439-01-3

dings vermutlich von Hans Peter Zimmermann übernommen.

In diesem Fall geht es wieder „*nur*" um die aktive positive Selbstbeeinflussung durch Vorstellungen. Wenn Sie den Satz aber laut sagen (oder zumindest flüstern oder den Mund bewusst bewegen), aktivieren Sie auch die aktive Beeinflussung durch Ihren Körper.

Franz X. Bühler: (33) „ich liebe den Umgang mit Menschen, die Menschen lieben den Umgang mit mir"

... Dann mache diesen Test. Es ist erstaunlich, wie diese wenigen Worte, wenn sie tief verankert sind, ein ganzes Leben verändern können!

Als ich diesen Satz während Monaten, täglich über 300-mal, laut vor mich hinsprach und mir dabei fast auf die Zunge biss, begann sich Wundersames zu ereignen. Ich war viel besser drauf, die Menschen begegneten mir aufgeschlossener und offener, ich war willkommen und bekam Termine mit erstaunlicher Leichtigkeit, ich verdoppelte meine Verkaufsabschlussquote – und heute habe ich einen der schönsten und spannendsten Berufe der Welt: »Ich darf Menschen entwickeln helfen.«

Allein wegen diesem Satz?

Wer weiß?

«Was du ausstrahlst, strahlt zurück!»

Entscheide selber.

Es geht viel um das Gefühl der Freude. Für was diese wichtig ist, schildert Henik Fexeus in seinem Buch „Gedankenlesen" in einer einfachen kurzen Weise:[15] (34)

Positive Gefühle beruhen auf dem Genuss an Sinneseindrücken, beispielsweise wenn etwas gut riecht oder hübsch aussieht, oder wenn wir uns über etwas amüsieren oder einfach nur zufrieden sind.

... Es gibt diverse Laute, mit denen verschiedene Arten von Freude ausgedrückt werden – vom Freudenschrei bis zum zufriedenen Seufzer.

Sie erkennen hier, weshalb es viel bringt, Sätze wie *„was ich ausstrahle, strahlt zurück"* oder *„ich liebe den Umgang mit Menschen, die Menschen lieben den Umgang mit mir"*, wenn möglich, laut zu sagen. Denn der Ausdruck über die Stimme ist sehr stark mit dem Gefühl Freude verbunden.

---

15   Quelle siehe Fußnote 11

Henrik Fexeus: (35) Diese Gefühle (er schilderte zuvor im Text verschiedene Formen von Freude und Glücksgefühlen) sind wichtig, um die Welt am Laufen zu halten, denn indem wir nach diesen Glücksgefühlen streben, tun wir Dinge, die gut für uns sind.

Sie haben dies in einer ganz einfachen und zeitlich sehr begrenzter Form in der ersten Übung dieses Buch gemacht, als Sie sich drei Minuten etwas Schönes vorgestellt haben. Vielleicht hatten Sie am Beginn der Übung noch kein Gefühl von Freude oder Glück, haben aber durch die Bewusste Entscheidung, die Übung zu machen, so gehandelt, dass Sie sich selbst positiv beeinflusst haben.

Stellen Sie sich mit dem erhöhten *„Glückspegel"* (nach der Übung) vor, wie viel leichter Ihnen mit dieser Stimmung manche Dinge von der Hand gehen und sich der Blickwinkel auf die Welt erhellt.

Henrik Fexeus: (36) Wir schließen Freundschaften und sind neugierig auf neue Erfahrungen und Erlebnisse.

Positive Gefühle lösen auch Verhaltensweisen aus, die für das Überleben der Menschheit wichtig sind, beispielsweise sexuelle Beziehungen oder die Fürsorge für den Nachwuchs.

Außerdem wird durch die Forschung immer mehr die These gestärkt, dass optimistische Menschen tatsächlich länger leben.

Es lohnt sich also, sich dem Positiven in seinem Leben aktiv und bewusst zuzuwenden.

Das Positive können Sie bewusst stärken, wenn Sie sich bewusst Ihren Ressourcen – *was kann ich gut, bei was habe ich ein gutes Selbstwertgefühl usw.* – widmen.

Wenn Sie möchten, können Sie gleich mit einer Liste beginnen. Schreiben Sie alles auf, bei dem Sie sagen können: *„das kann ich gut".*

Lassen Sie viel Platz zur nächsten Aussage *„hierbei habe ich ein gutes Selbstwertgefühl"*, denn die Liste soll ja mit der Zeit länger werden.

Überlegen Sie sich noch weitere positive Aussagen über Sie selbst und gehen Sie genauso vor.

Sollten Sie am Anfang keinen Punkt finden, so lassen Sie die Stelle leer, denn die Chance ist sehr hoch, dass Sie später doch noch etwas finden.

Sich positiv zu beeinflussen hat nicht nur eine Wirkung auf sich selbst. Positive Gefühle übertragen sich auch auf Ihre Umwelt und dies in einem weitaus größeren Umfang als meistens gedacht.

Aus Bild der Wissenschaft online:[16] (37)

Glück zieht Kreise

... Glücksgefühle entfalten kollektive Wirkung: Sie breiten sich selbst unter Menschen aus, die nur über mehrere Ecken miteinander bekannt sind. Das haben die amerikanischen Forscher Nicholas Christakis von der Harvard-Universität und James Fowler von der Universität von Kalifornien in San Diego jetzt entdeckt. Die beiden Forscher werteten die sozialen Beziehungen von rund 5.000 Menschen statistisch aus.

Das überraschende Ergebnis: Selbst die Freunde von Freunden eines Freundes haben einen nachweisbaren Einfluss auf das eigene Wohlbefinden. Das individuelle Glücksgefühl einer Person breitet sich also bis ins dritte Glied eines sozialen Beziehungsnetzwerkes aus.

Glück wirkt kollektiv. Wer glückliche Freunde hat, ist selbst besser drauf. In ihrem Artikel beschreiben die Wissenschaftler eine Art emotionale Kettenreaktion: Steigt bei einem Menschen die individuelle Zufriedenheit, so wirkt sich das auch auf seine Umgebung aus.

---

[16] Der Text ist dem gleichnamigen Artikel entnommen. Den ganzen Artikel finden Sie unter http://www.wissenschaft.de/wissenschaft/news/298096.html

... Bemerkenswert ist für die beiden Autoren auch der Einfluss des Geschlechts auf die Verbreitung von Glück: Demnach steigt die Wahrscheinlichkeit auf eigenes Wohlbefinden, wenn ein gleichgeschlechtlicher Freund ebenfalls Glück verspürt. Das Glück von Ehepartnern und Lebensgefährten hatte dagegen einen wesentlich geringeren Einfluss. Und das Glück von Arbeitskollegen war komplett bedeutungslos für das eigene Glücksempfinden – für die Forscher ein Beleg, dass auch der soziale Kontext von Beziehungen eine Rolle für das Glück spielt.

Kurz zusammengefasst
Vorstellungen lösen etwas im Körper aus.

Der Körper löst aber ebenso etwas im eigenen Befinden aus. So ist es kaum vorstellbar, dass ein Mensch mit Kopfschmerzen fröhlich gelassen ist.

Hinzu kommt der von Paul Ekman so genannte Othello Fehler. Hierbei beschreibt Ekman, wie unsere Reaktionen falsch sein können, weil wir nicht mehr nachprüfen, warum der Andere eine bestimmte Emotion hat.

Es kann ja sehr wohl so sein, dass Ihr Gegenüber wütend ist, Sie aber nicht der Auslöser sind. Dann kann sich die Wut wohl auch gegen Sie wenden, vor allem, wenn Ihr Gegenüber sich noch in der Refraktärphase befindet.

(Die Refraktärphase ist die Zeitspanne nach dem Eintreten des Gefühls, in der man durch die selektive Wahrnehmung nur noch jene Sachen wahrnimmt, die zu diesem Gefühl passen – ob man will oder nicht.)

Leicht fängt man dann an, sich zu verteidigen und die Welt so zu sehen, als ob man selbst der Auslöser der Wut wäre, anstatt einmal *„tief durchzuatmen"* und nachzuprüfen, warum der Andere nun wütend sein könnte oder ist.

Dies gilt natürlich auch für andere Gefühle als der Wut.

Stellen Sie sich einmal vor, Sie sind wütend und die Person, auf die Sie wütend sind sagt zu Ihnen in ruhiger Stimme:

„Ich habe das Gefühl, dass Sie wütend auf mich sind"?

Würden Sie das als Handreichung zum Dialog oder als Verstärker für Ihre Wut empfinden?

Machen Sie sich die Refraktärphase bewusst und lassen Sie sich nicht zu etwas Unüberlegten hinreißen. Meist flacht nach recht kurzer Zeit der Alleinanspruch des Gefühls ab und Sie können wieder mehrere Blickwinkel der Situation wahrnehmen.

Innerhalb der Refraktärzeit ist dies nicht möglich. Das dort vorherrschende Gefühl hat den „*Alleinanspruch*" und blockiert alle anderen Blickwinkel und Argumente.

Henrik Fexeus:[17] (38) Das große Problem mit den Gefühlen liegt darin, dass wir kaum noch einen Gedanken denken können, der unser bestehendes Gefühl nicht bekräftigen würde.

Wir sagen, dass uns ein Gefühl «beherrscht». Das ist gar nicht so dumm ausgedrückt. Unser Eindruck von der Welt werden plötzlich furchtbar selektiv. Wenn ein Gefühl Sie ganz erfüllt, hindert es Sie daran, sich an Dinge zu erinnern, die Sie eigentlich ganz genau wissen, die Ihrem Gefühl in dieser Situation aber widersprechen würden. Und das woran Sie sich erinnern können, wird oftmals verzerrt.

Nebenbei

Interessant ist in diesem Zusammenhang, dass wir z.B. Bilder in unserem Gehirn nicht als Bilder abgespeichert haben und diese dann „*einfach so*", wie ein Computer die in ihm gespeicherte Daten, wieder hervorholen. Unser Gehirn arbeitet in einer viel dynamischeren Weise: es hat die Fähigkeit, die gespeicherten Bilder wieder zu erschaffen.

---

17 Quelle siehe Fußnote 11.

Es gibt eine Art Regelwerk, die es erlaubt, aus den Gedanken an das Bild, das wir mal gesehen haben, dieses wieder zusammenzubauen.

Nun erleben wir in jedem Augenblick Neues. Es werden neue Verbindungen in unserem Gehirn geschaffen. Das Gehirn von heute ist also nicht mehr das Gehirn, welches das Bild damals gesehen hat.

Da es sich bei der Rekonstruktion des Bildes um einen dynamischen Vorgang im Jetzt handelt, basiert er auf dem Gehirn von heute. Dieses baut alles Neue quasi als neue Berechnungsgrundlage in die Rekonstruktion ein.

Fazit

Unsere Vergangenheit ist nicht fest abgespeichert. Die Erinnerung an sie verändert sich. Mehr als die Erinnerung an die Vergangenheit haben wir aber nicht, weshalb sich quasi unsere Vergangenheit selbst verändert.

Dieses Wissen ist in vielen Bereichen ein Befreiungsschlag gegen das „Gefängnis Vergangenheit" in dem wir uns gefangen zu sein glauben. Können wir den Zugang zu unserer Vergangenheit und die Blickwinkel darauf verändern, so verändert sich auch unsere Vergangenheit bzw. die Auswirkung die sie heute auf uns hat.

Henrik Fexeus: (39) Sie sehen Ihre Umwelt quasi durch den Filter Ihres momentanen Gefühls – wenn es ein negatives Gefühl ist, übersehen Sie eventuelle positive Möglichkeiten und neue Wege. Umso besser sehen Sie alles, was Ihre Empfindungen bestätigen. Plötzlich erinnern Sie sich an Dinge, die Sie längst vergessen glaubten, die Ihr Gefühl aber noch verstärken.

... Wenn wir ein starkes Gefühl empfinden, möchten wir es auf keinen Fall in Frage stellen – sondern sind sogar sehr darauf bedacht, es zu stärken und zu behalten.

Welche Größenordnung das Gefühl beim Blick auf die Vergangenheit hat, hat eine Studie gezeigt. Dort wurden Probanden ein Film eines Autounfalls gezeigt. Sie bekamen nach einer gewissen Zeit einen Fragebogen zum Unfallhergang. Innerhalb dieses Fragebogens gab es nur eine relevante Frage, die je nach Probandengruppe etwas verschieden formuliert war. Natürlich wussten die Probanden nicht, um welche Frage es sich handelte.
Die Frage betraf beim Unfallhergang die Glasscherben – gab es welche oder nicht? Je nachdem, wie stark das Wort im Bezug zum Zusammenstoß der zwei Fahrzeuge war, glaubten die Probanden, Glasscherben gesehen zu haben oder nicht.

Wenn die Fahrzeuge nur „*aneinander gekommen*" waren, gab es häufig die Antwort „*nein*" bei den Glasscherben. Waren die Fahrzeuge dagegen mit „*zusammengekracht*", gab es häufig die Antwort „*ja*". Dies, obwohl alle Probanden den selben Film gesehen hatten. Aber die Vorstellung des Unfallhergangs (beeinflusst durch „*aneinander gekommen*" oder „*zusammengekracht*") beeinflusste die innere Rekonstruktion des Films. Die Erinnerung wurde „*angepasst*".

Hierüber haben wir aber keine Bewusstheit, weshalb wir die angepasste Erinnerung als real erlebt einstufen.

Wir haben aber sehr wohl eine Möglichkeit uns selbst im Jetzt durch den Filter „*aneinander gekommen*" oder „*zusammengekracht*" zu beeinflussen, mit dem Wissen, dass sich dadurch unsere Interpretation unserer Vergangenheit verändert. Natürlich sollten wir es so einsetzen, dass es positive Auswirkungen auf uns hat.

Im genannten Beispiel mit dem Unfall war die Unfallfolge (Glasscherben „*ja oder nein*"), je nach Frage, verschieden beantwortet worden – dass es aber den Film von einem Unfall gab, über das waren sich auch bei völlig verschiedenen Fragen alle Probanden einig.

Es geht nicht darum, Ereignisse ungeschehen zu machen. Dies wäre eine Verdrängung des Erlebten, mit manch einer negativen Folge. Es geht um eine aktive und bewusste Neubewertung, die sich positiv auf Ihr Leben auswirkt.

Manch etwas Negatives kann sich so soweit verändern, dass Sie es später als Ressource nutzen können, eben weil Sie es erlebt und die entsprechenden Erfahrungen gemacht haben und dadurch z.B. im Gespräch ein Gefühl für die Sache haben und den anderen dadurch besser verstehen können.

Henrik Fexeus schreibt weiter, nochmals bezogen auf die Refraktärphase, in der das derzeitige Gefühl die Alleinherrschaft hat:

(40) Der Gefühlsforscher Paul Ekman hat dieses Phänomen «Othello-Fehler» getauft, nach dem Eifersuchtsdrama Othello von William Shakespeare.

Othello tobte vor Wut, weil seine geliebte Desdemona ihn betrogen hatte – sie hatte mit einem Typen namens Cassio rumgemacht, Othellos bestem Freund. Doch das Ganze war eine einzige Lüge, die der niederträchtige Jago in die Welt gesetzt hatte – Othellos anderer bester Freund. Othello war also außer sich vor Eifersucht und drohte, Desdemona zu erschlagen. Sie meinte, er solle doch zu Cassio gehen und ihn fragen, dann würde er schon erfahren, dass es nicht so war, wie er glaubte. Aber das ging nicht mehr, den Othello hatte Cassio bereits erschlagen.

Daher mein Vorschlag, lieber einmal tief Luft zu holen, bevor man sich zu etwas hinreißen lässt, was man später bereut. Es muss ja nicht gleich Mord sein, viele andere kleinere Dinge können wir ebenso später sehr bereuen.

Henrik Fexeus: (41) Als Desdemona aufging, dass sie nun keine Möglichkeit mehr hatte, ihre Unschuld zu beweisen, bekam sie buchstäblich Todesangst. Da Othello völlig in der Raserei seiner Gefühle gefangen und daher nur noch zu sehr selektiver Wahrnehmung seiner Umwelt fähig war deutete er ihre erschrockene Reaktion ausschließlich aus der Perspektive des eifersüchtigen Mannes. Ihm fiel gar nicht ein, dass auch ein unschuldiger Mensch in so einer Situation mit Stress und Angst reagieren würde. Othello betrachtete ihre Gefühle als Beweis dafür, dass sie wirklich etwas zu verbergen hatte. Worauf er sie mit einem Kissen erstickte.

Eindeutig war bei Othello die Refraktärphase noch nicht vorbei!

Es stellt sich, unabhängig von Othello, die Frage, ob man einen Sachverhalt später nachprüft oder nicht. Oft merken wir in unserem Inneren ganz versteckt, dass es auch noch andere Sichtweisen geben muss. Diese aber zu erkennen würde eine

Veränderung unserer Meinung zur Folge haben, was oft mit einem Gefühl der Unsicherheit verbunden ist. Friedrich Hebbel hat dies in einer kurzen Weisheit zusammengefügt: *Es gehört oft mehr Mut dazu, seine Meinung zu ändern, als ihr treu zu bleiben.*

Henrik Fexeus: (42) ... Es ist extrem schwer, sich selbst und seine Handlungen »von außen« zu betrachten, wenn ein Gefühl uns so erfüllt.

Ein Tipp

Machen Sie sich immer wieder bewusst, dass es garantiert noch andere Sichtweisen der Situation geben muss. Das ist immer so.

Fallen Ihnen keine anderen Sichtweisen ein, so werden Sie sich bewusst, dass Sie derzeit in Ihrem Gefühl gefangen sind.

Bereits diese Bewusstwerdung öffnet meist das „Gefühlsgefängnis" oder bewahrt vor unüberlegten Verurteilungen oder Taten, die man später bereut und die oft nicht mehr „gerade zu biegen" sind.

Nutzen Sie das folgende Wissen für diese Bewusstwerdung. Wieder beziehe ich mich dabei auf das Buch „Gedankenlesen" von Henrik Fexeus, dessen Quelle Sie weiter oben finden. Er hat in einer sehr übersichtlichen Weise aufgezeigt, wodurch Gefühle entstehen.

Außerdem zeigt er gut auf, dass es zwischen unserer Innen- und Außenwelt eine Wechselwirkung gibt.

Henrik Fexeus: (43) <u>AAAh! Tiger voraus!</u>

In den meisten Fällen wird ein Gefühl automatisch ausgelöst, wenn wir das richtige Signal von unserer Umwelt empfangen. Das Problem ist, dass uns keine Zeit zum Überlegen bleibt, ob dieses Gefühl richtig ist. Wir können uns ja auch getäuscht haben. Vielleicht war der Tiger in Wirklichkeit nur ein Felsblock. Und wir haben gerade unseren besten Speer dagegengepfeffert.

Diese automatische Reaktion kennen Sie auch vom Auto fahren. Bei einer Gefahr bremsen Sie, selbst wenn Sie nur Beifahrer sind und überhaupt kein Bremspedal zur Verfügung haben.

Henrik Fexeus: (44) <u>Warum hat er das eigentlich getan?</u>

Wir können auch Gefühle auslösen, indem wir über unsere Erlebnisse nachdenken.

Sobald wir alles kapiert haben, macht es klick!, und die Automatik übernimmt wieder das Kommando. Das reduziert die Fehlerquote, dauert aber länger. ...

Weißt du noch, Liebling ...?

Wir können auch einfach an eine Situation zu-
rückdenken, in der wir ein starkes Gefühl empfunden haben.

Entweder fühlen wir dann, was wir damals fühlten, oder wir empfinden neue Gefühle als Reaktion auf das, was wir damals fühlten. ...

Dies betrifft wieder das Thema der Rekonstruktion der Vergangenheit. Alle neuen Erfahrungen
werden in diese Rekonstruktion mit eingebaut,
wobei es uns große Probleme bereiten kann,
wenn diese neuen Erfahrungen so gar nicht in
unser bisheriges Bild unserer Vergangenheit passen und wir sie deshalb ausblenden müssen, was
wir zumeist unbewusst tun. Dies Ausblendung ist
aber nicht gleichbedeutend mit einer Nicht-Exis-
tenz dieser Erfahrungen. Die Erfahrungen sind
gemacht und werden sich, wenn sie sich „auf
normalem Wege" keine Ausdruck verschaffen
können, eventuell sich diesen über körperliche
Symptome verschaffen.

Ich möchte Ihnen hier nochmals den Satz von
Friedrich Hebbel an die Hand geben: *Es gehört
oft mehr Mut dazu, seine Meinung zu ändern,
als ihr treu zu bleiben.*

<u>Meinung oder Erlebt?</u>

Überlegen Sie sich, über welche Teile Ihrer Vergangenheit Sie lediglich eine Meinung haben, weil Sie Ihnen nur durch Dritte bekannt sind. Dies kann sein, wenn es um Geschichten in Ihrer sehr frühen Kindheit geht oder auch um Geschichten, die man scheinbar über Sie erzählt hat (die Sie aber nur von einer weiteren Person wissen aber nie direkt von der Person gehört haben).

Es gibt sehr viele Situationen in unserer Vergangenheit, die wir als *„unser Erlebtes"* einordnen, die aber nur übernommene Erzählungen sind.

Henrik Fexeus: (45) ... In unserer Vergangenheit können wir Szenen oder Gedanken erschaffen, die auch Gefühle in uns wecken können.

Man kann sich beispielsweise wunderbar vorstellen, wie es wäre, wenn man so richtig Hals über Kopf verliebt wäre. Versuchen Sie es einmal. Sie wissen schon, wenn man sich so ... so ... Fühlen Sie schon was?

Sie kennen das bereits aus der Übung, in der Sie drei Minuten an etwas Schönes denken sollten.

Man kann aber auch etwas in der Zukunft visualisieren, wie z.B. ein Ziel und wie es aussieht und sich anfühlt, ist es erreicht. Dies aktiviert die positiven Gefühle in einem, und Sie haben ja bereits gelernt, welche Auswirkungen diese Gefühle auf Sie und auch auf Ihre Umwelt haben.

Oft ist die Freude auf ein kommendes Ereignis, wie z.B. einen Urlaub so stark, dass dieser positive Effekt größer ist, als das Ereignis selbst. Gerade beim Urlaub von *„Vielarbeitern"* hat man dies festgestellt. Denn bei der Vorfreude geht es nur um die guten Seiten des Urlaubs, nicht um z.B. den Teil, dass Sie plötzlich ganze Tage lang mit Ihrem Partner oder Ihrer Partnerin zusammen sind, was deutlich mehr als die paar Stunden während einer Arbeitswoche ist. Dies kann lang verdrängte Themen hochkommen lassen, die durchaus zu Problemen führen können. Dabei sollten Sie bedenken, dass dies auch ohne Vorfreude so ist. Die Vorfreude ist also ein großes Plus, vor allem in der Gegenwart.

Versuchen Sie, die Vorfreude ganz oben auf Ihre *Motivationsliste* zu setzen. Denn all zu häufig will diesen Platz die Angst vor Enttäuschungen einnehmen. Dann ist aus der Vorfreude ganz schnell eine *„Vor-Angst"* geworden. Diese hat natürlich gleich starke Auswirkungen auf Ihre Gegenwart als die Vorfreude – nur eben auf der negativen Seite.

Weder ich noch Sie kennen die Zukunft. Daher bringt Ihnen die *„Vor-Angst"* nur Negatives in der Gegenwart – denn ob es wirklich so kommt, können Sie nicht wissen.

Henrik Fexeus: (46) <u>Puh, ich will eigentlich gar</u>
<u>nicht darüber reden. Davon krieg ich bloß wie-</u>
<u>der schlechte Laune.</u>

Manchmal reicht es schon, dass wir darüber
sprechen, wie wütend wir waren – und schon
sind wir wieder wütend.

Von erlebten Gefühlen zu reden, kann diese Gefühle wieder wecken, auch wenn man das gar
nicht möchte.

Leicht erzählen wir von unserem Symptom oder
unserer Krankheit. Laut der Schilderung von
Henrik Fexeus ist schnell klar, welche Konsequenzen dies mit sich zieht: Das Gefühl bzw. die
Gefühle, die mit dem Symptom verbunden sind,
werden aktiviert.

Wenn Sie dadurch verstehen, wie die Gefühle
und das Symptom miteinander verbunden sind
<u>und</u> Sie dadurch Lösungs- und Veränderungs-
möglichkeiten finden, ist dies eine gute Sache.
Zumeist aber wird die subjektive Größe des
Symptoms verstärkt. Man sieht fast nur noch das
Symptom. Dies kann zusätzlich durch die Refraktärphase verstärkt werden, die ja beim Auftreten des Gefühls auch wieder mit auftritt. Der
Blick auf Verbesserungen und Lösungen ist dadurch erst einmal versperrt.

Ein anderer Grund, weshalb wir so gerne über
ein Symptom sprechen ist, dass wir dadurch eine

Menge Aufmerksamkeit bekommen. Generell ist es (zumindest in unserer Gesellschaft) wesentlich einfacher, über Problemthemen Aufmerksamkeit zu bekommen, als über positive Themen.

Bei Problemthemen findet sich auch Ihr Gegenüber angesprochen, denn wenn man nur ein bisschen besser schaut, so hat jeder irgendwelche Probleme oder Problemchen. Auch in der Gesellschaft läuft nicht alles so, wie es sollte. Hinzu kommen die Medien, die schon lange bemerkt haben, dass sich gute Nachrichten praktisch überhaupt nicht verkaufen lassen.

Der eigentliche Angelpunkt ist aber der, dass diese Art von Themen auch eine Handlungsunfähigkeit implizieren – denn ein Problem bleibt nur ein Problem, wenn wir nichts dagegen machen können. Ansonsten ist es ein Hindernis, eine Hürde oder Herausforderung, welches mit geeigneten Mitteln überwunden werden kann.

Mit dieser Sichtweise wird ein Sprechen über das Symptom von *„ich habe das und das, mir geht es so schlecht"* zu *„ich habe das und das, jetzt schaue ich, wie ich das angehe"*. Das Thema *„Symptom"* wird zum Thema *„Lösung finden"*, *was* eine Selbstverantwortlichkeit für das eigene Leben plus dem Glauben, dass man etwas verändern kann, impliziert.

Übung

- Schreiben Sie sich (ohne groß zu überlegen) fünf Namen von Personen aus Ihrem Bekanntenkreis auf.

- Überlegen Sie sich zu jeder Person, ob Sie denken, dass diese aktiv ihre Verantwortung für Ihr Leben übernimmt und ob sie daran glaubt, ihr Leben verändern zu können.

Bei jenen Personen, bei denen Sie das mit *„ja"* beantworten können, sollten Sie bei den nächsten Gesprächen die Themen auf diese Gebiete lenken *(anstatt von Problemthemen, wie z.B. Symptomen und „wie schlecht es mir geht" zu sprechen).*

Bei jenen Personen, die nicht glauben, dass sie etwas in ihrem Leben verändern können, sollten Sie sich überlegen, wie Sie den Kontakt mit ihnen gestalten können, damit Sie nicht immer im Schlamm von Problemthemen stecken bleiben. Denn das Sprechen über (vor allem unlösbare) Probleme, verstärkt diese Probleme und die damit zusammenhängenden Gefühle.

Das Sprechen über Lösungen und Positivthemen verstärkt diese Themen und die damit verbundenen Gefühle. Das lockt Ihre und des anderen Ressourcen hervor!

Dies soll nicht bedeuten, dass man den Anderen nie in seinem Leid anhören und ihm Mitgefühl spenden sollte. Es kommt mir hier lediglich auf die Häufigkeit der „Begegnungsrichtungen" an, die sich, sollten sie unausgewogen sein, nur durch Ihre Initiative verändern.

Allerdings kann es Ihnen passieren, dass eine Person, die nur über ihre Probleme, ohne Lösungsinteresse, sprechen möchte, sehr negativ auf Ihre *„Initiative der positiven Veränderung"* reagiert, denn wie oben beschrieben, bekommt man durch das Sprechen über Negatives viel Aufmerksamkeit und brauch weniger selbstverantwortlich zu sein. Beides wird solch eine Person nicht freiwillig aufgeben bzw. verändern.

Sie müssen sich, sollten Sie solch eine Person in Ihrem Umfeld haben, klar werden, was Ihnen wichtiger ist: die positive Gestaltung Ihres Lebens oder der Kontakt mit dieser Person. Oft lässt sich beides nicht vereinbaren.

Henrik Fexeus: (47) <u>HAHAHAHA!!</u>

Es ist immer lustiger, sich eine Komödie mit jemand anzusehen, der lauthals lacht, als mit einem niedergeschlagenen Menschen.

Wir empfinden Gefühle auch durch Empathie, das heißt, wenn wir jemand sehen, der ein bestimmtes Gefühl hat, färbt es auf uns ab. Das Gefühl unseres Gegenübers kann auch andere

Gefühle bei uns auslösen – wir reagieren vielleicht mit Angst, wenn der andere wütend wird.

Dies ergänzt die Wichtigkeit, sich nicht ständig über Problemthemen auszutauschen, denn Problemthemen sind mit negativen Gefühlen verbunden, die sich über die Empathie auch in unserem Umkreis verbreiten.

Weiter oben haben Sie ja zu diesem Thema bereits den Ausschnitt des Artikels „*Glück zieht Kreise*" von Bild der Wissenschaft online gelesen.

Henrik Fexeus schreibt auch, dass sich beim Anderen auch andere Gefühle als die eigenen einstellen können. Dies ist durchaus möglich, was mit den verschiedenen Vergangenheiten der verschiedenen Menschen zusammenhängt. Man kann es also nicht eins zu eins umsetzen, dass wenn man jenes Gefühl in sich hat, man genau dieses Gefühl beim Anderen auslöst. Dennoch wird es so sein, dass eine Person, die immer mit einer schlechten Laune ihren Mitmenschen begegnet, insgesamt mehr schlechtgelaunte Reaktionen zurückbekommt. Dagegen wird ein immer freundlicher Mensch prozentual mehr freundliche Reaktionen hervorrufen.

Henrik Fexeus: (48) <u>Finger weg vom Herd!</u>

Wenn unsere Eltern oder andere Autoritätspersonen uns im Kindesalter sagen, was wir fürchten und was wir mögen sollen, empfinden wir im Erwachsenenalter immer noch so.

Als Kinder können wir auch Gefühle durch Imitation übernehmen, wenn wir nachahmen, wie Erwachsene in verschiedenen Situationen reagieren.

Versuchen Sie sich immer wieder über den Tag einen Stopp zu sagen und zu überlegen, warum Sie gerade in diesem Augenblick jenes glauben, empfinden und denken.

Haben Sie es so erlebt oder haben Sie es nur so gelernt?

Finden Sie das heute noch stimmig oder ist das ein *Überbleibsel* aus Ihrer Vergangenheit?

Die wichtigste Frage hierbei empfinde ich: *„Denke ich, dass dies die alleinige Realität ist, weil ich mir nicht vorstellen kann, wie es anders sein könnte?"*

Werden Sie sich bewusst, dass es keine allgemeingültige Realität gibt. Bereits diese Erkenntnis, verknüpft mit der zuvor gestellten Frage, öffnet Ihre subjektive Welt. Denn beides zusammen macht klar, dass Sie auf Ihrem jetziger Platz nicht *festgeklebt* sind, sondern Veränderungsmöglichkeiten in Richtung positiver Veränderung Ihres Lebens haben – auch wenn Sie vielleicht noch nicht wissen, in welcher Richtung oder durch welche Möglichkeiten dies machbar ist.

Henrik Fexeus: (49) ... Leute die gegen soziale Normen verstoßen, lösen starke Gefühle aus. Solche Normen variieren natürlich von Kultur zu Kultur, und wenn sie gebrochen werden, kann man bei den anderen alle möglichen Gefühle auslösen, vom Ekel bis Freude – je nachdem, worum es sich handelt und wer gegen die Konventionen verstoßen hat.

Dieser Abschnitt von Henrik Fexeus ist eine Erweiterung seines vorherigen Abschnitts. Wir haben Werte übernommen und die sozialen Reaktionen imitiert. Dies macht unsere Gesellschaft aus. So ist z.B. eine ganz einfache Regel, rechts zu fahren. Sie ist nicht besser als die Regel in anderen Ländern, links zu fahren. Würden wir uns aber, weil die Regel „rechts fahren" nicht besser ist als „links fahren" nicht daran halten, andere aber doch, hätten wir in kürzester Zeit eine unglaubliche Anhäufung von Unfällen. Diese Regel zu befolgen, macht also durchaus Sinn. Bei manch anderer Regel wäre aber eine bessere Vorgehensweise gut.

Diese lässt sich aber all zu oft nicht durchsetzen, da man bei einem Verstoß gegen die bestehende Regel mit ernsten Konsequenzen rechnet. Diese müssen nicht einmal mit juristischen Konsequenzen zusammenhängen. Es kann auch der gefühlsmäßige Ausschluss aus einer sozialen Gruppe bedeuten.

Sind wir mehrere Personen, die gegen soziale Normen verstoßen, so kann genau dieser Verstoß zu einer Verbindung innerhalb dieser Gruppe führen. Wir hatten dies z.B. im Bereich der Kleidung, als die Grünen neu im Bundestag waren.

Henrik Fexeus: (50) ... Da Gefühle sich körperlich deutlich manifestieren, können wir das innere, mentale Erleben auslösen, indem wir unsere Muskeln (vor allem die im Gesicht) bewusst so einsetzen, als verspürten wir das entsprechende Gefühl tatsächlich.

Sie haben dies ja bereits u.a. durch die Übung mit dem Satz *„was ich ausstrahle, strahlt zurück"* erlebt. Später werden wir für die zentralen Übungen *„Vom Symptom zur Ressource"* in Kombination mit einer Bewegungsübung, eben diese Möglichkeit, der emotionalen Beeinflussung durch Körperbewegungen, nutzen.

Ein anderes Beispiel in dieser Richtung ist das Wissen, dass Angst und Entspannung nicht zusammenpassen. Daher werden Personen, die unter Angst leiden, Entspannungstechniken angeboten (z.B. die progressive Muskelentspannung nach Jacobson), da eine bewusste Entspannung die Angst vermindert.

Gegensätze

Ich möchte mich nun gerne zusammen mit Ihnen dem Thema Gegensätze zuwenden. Hier ist die jeweilige Grundreferenz sehr wichtig. Unter Grundreferenz verstehe ich die Grundlage, auf der wir das jeweilige Thema interpretieren.

<u>Beispiel</u>

Was ist das Gegenteil von rechts?

Schnell kommt man zum Ergebnis *„links"*. Verändern wir aber die Grundreferenz, so können wir durch *„was ist das Gegenteil zu rechts"* zu Themen wie *„Richtung"*, <u>*„Politik"*</u> (hierin sind Glaubenssätze über verschiedene Konstellationen enthalten), *„richtig/falsch"* usw. kommen.

<u>Praxis</u>

Nehmen Sie sich bitte einen Stift und Papier zur Hand.

Schreiben Sie sich die Gegensätze im Bezug zu *„was ist das Gegenteil zu rechts"* mit verschiedenen Grundreferenzen auf:

- Grundreferenz *„Richtung"*
- Grundreferenz *„Politik"*
- Grundreferenz *„richtig/falsch"*
- Eine beliebige weitere Grundreferenz *(wenn Ihnen im Moment eine einfällt)*

Schreiben Sie in kurzen Sätzen neben Ihren Grundreferenzen, was Sie darunter verstehen.

Lassen Sie noch Platz für weitere Erklärungen.

Notieren Sie sich, was die jeweilige Gemeinsamkeit(en) bestehen. Denn Sie könnten keine Gegenteile bilden, wenn es nicht einen gemeinsamen Bezugspunkt der zwei Pole gäbe. Auch wenn dies Ihnen längere Zeit in Anspruch nimmt, nehmen Sie sie sich. Denn um so klarer Ihnen wird, dass bei Gegensätzlichkeiten immer etwas Verbindendes vorhanden ist, um so mehr erkennen Sie, um was es meist wirklich geht.

Vom Symptom zu Ressource

Wir kommen zum ersten Teil der Übung „*Vom Symptom zur Ressource*". Es ist eine Übung in mehreren Schritten. Sie ist dabei so angelegt, dass Sie sie selbst für sich machen können, Sie sie aber ebenfalls mit Klienten einsetzen können.

Nach den schriftlich zu machenden Teilen, gebe ich Ihnen jeweils eine kleine Anleitungen zu den schriftlich zu absolvierenden Teilen. Benutzen Sie diese Anleitungen für sich selbst oder für die Arbeit mit Ihren Klienten.

Praxis

1. Bitte schreiben Sie auf, welches Symptom oder welche Symptome Sie haben. Sie können gerne beschreibende Sätze bilden.

2. Bitte schreiben Sie auf, welche Gefühle sie haben, wenn Sie an die eben genannten Symptome denken. Sie können wiederum beschreibende Sätze bilden.

Anleitung

- Versuchen Sie gleich bei der Beschreibung der Symptome möglichst viele Gefühle einfließen zu lassen.

- Bei der Beschreibung der Gefühle in Bezug zum Symptom, sollten mindestens sieben Sätze herauskommen, um auch bei den Ressourcen auf sieben Ressourcen zu kommen.

- Lenken und erweitern Sie die Antworten durch Fragestellungen bezüglich der verschiedenen Sinne (sehen, hören, spüren), wie z.B. *ich sehe mich in einem dunklen Loch – es ist wie ein dumpfes Brummen – es fühlt sich ganz blockiert an.*

- Lenken und erweitern Sie die Antworten durch Fragestellungen bezüglich der verschiedenen Zeiten (Vergangenheit, Gegenwart, Zukunft, Tageszeit), wie z.B. *das belastet mich schon seit meiner Kindheit – es hindert mich jetzt daran ... – ich weiß gar nicht, wie ich damit in Zukunft umgehen soll – immer am Morgen ist es besonders schwer.*

- Wandeln Sie solche Sätze, wie eben die Beispielsätze, in „*Gefühlssätze*" um. Es kann z.B. aus „*ich weiß gar nicht, wie ich damit in Zukunft umgehen soll*" der Gefühlssatz „*die Zukunft macht mir Angst*" werden.

- Bitte schreiben Sie Ihre Gefühle, welche Sie aufgeschrieben haben, ab und wandeln Sie die Sätze so um, dass sie immer mit „*ich*" beginnen.

- Beginnen Sie mit jenen Gefühlen, die Sie am wenigsten belasten.

- Jedes Gefühl schreiben Sie in eine neue Zeile.

Anleitung (Fortsetzung)

- Es ist wichtig, dass Sie Ihre Gefühle wieder abschreiben. Es ist ein Schritt, der das Gefühl durch die erneute Verarbeitung etwas vom direkten Zusammenhang mit dem Symptom trennt. Um so unbewusster die Zusammenhänge zwischen Gefühl und Symptom sind, um so leichter ist der Zugang zum Gefühl herzustellen, da die Resistenz gegen das Anschauen abgebaut wird.

- Sie müssen die Sätze mit *„ich"* beginnen, damit klar gestellt ist, dass Sie selbst das Gefühl haben und auch nur selbst etwas daran ändern können.

- Oft werden die Gefühle auf etwas in der eigenen Umwelt abgewälzt wie: *wenn mein Chef freundlicher wäre, dann hätte ich auch kein Problem ins Geschäft zu gehen.* Dies zu betrachten bringt nichts, da man nur etwas in sich verändern kann (allerdings besteht die Möglichkeit, dass die innere Veränderung auch im Äußeren etwas verändert).

- Bitte schreiben Sie die Gegenteile Ihrer zuletzt aufgeschriebenen Sätze auf.

- Beginnen Sie jeden Satz auf einer neuen Zeile.

- Schreiben Sie bitte nach jedem Satz das gute Gefühl auf, um das es im Satz ging.

Anleitung (Fortsetzung)

- Lenken Sie sich oder Ihren Klienten in einer Weise, dass die gegenteiligen Sätze sehr positiv werden. Hierzu zählt, dass

Negationen vermieden werden sollen. Anstatt „*nicht mehr krank zu sein*" sollte man z.B. „*gesund sein*" schreiben, wenn dies als Gegenteil betrachtet wird. Negationen sollten lediglich bei Wörtern, deren Gegenteil eine Negation enthält *(z.B. Raucher – Nichtraucher)* benutzt werden.

- Um Gegenteile zu finden, müssen Sie herausbekommen, um was es Ihnen oder Ihrem Klienten bei dem jeweiligen Gefühl geht. Kommt das Wort Angst vor, so kann je nach Person Zuversicht, Mut oder Liebe gesagt werden. Alle Wörter sind mir bereits begegnet. Belassen Sie es dabei, egal welche Antwort, denn es geht um die subjektive Welt, in der wir Ressourcen finden. Ein richtig oder falsch gibt es hier nicht.

- Gemeinsamkeiten von Gegenteilen beziehen sich auf eine Gemeinsamkeit beider Wörter. Ich gehe nach <u>rechts</u>, ich gehe nach <u>links</u>. Die Gemeinsamkeit von beiden Sätzen ist „*ich gehe in eine Richtung*".

- Arbeiten Sie mit einem Klienten und erkennen bereits die Richtung in dem Satz „*ich gehe nach rechts*", so können Sie Ihren Klienten zu einem Ergebnis hinleiten, indem Sie die Frage stellen: *„Sie gehen in welche andere Richtung"?*

- Es bedarf viel Gespür, herauszubekommen, auf welcher inneren Referenz eine Satz formuliert ist. Manchmal bekommt man auch kein positives Gegenteil. Dann lassen Sie den Satz aus. Vielleicht finden Sie in den nächsten Tagen, oder Ihr Klient bis zum nächsten Treffen, über das Unterbewusstsein, doch noch ein positives Gegenteil.

- Es ist wichtig, dass Sie (oder Ihr Klient) mindestens ein Beispiel pro positivem Gefühl finden. Dadurch ist es wesentlich einfacher nachzuspüren, dass dieses Gefühl Teil der eigenen Person ist.

Anleitung (Fortsetzung)

- Bitte schreiben Sie jetzt <u>nur</u> das gute Gefühl ab, welches Sie eben neben Ihren *Gegenteilsätzen* notiert haben. Beginnen Sie mit jenem Gefühl, das sie am leichtesten nachspüren können.
Diese Gefühle können Sie als Ressourcen nutzen, wobei sie hierfür gestärkt werden müssen. Dies geschieht am besten

über verschiedene Blickwinkel zum *guten Gefühl*, als auch der Einbindung der *guten Gefühle* in einen Bewegungsablauf.

Ich habe über lange Zeit mit dem Blickwinkel der Dankbarkeit gearbeitet, weshalb ich weiter unten ein paar Gedanken zur Dankbarkeit schreibe.

Es hat sich aber herausgestellt, dass andere Blickwinkel wie *Begeisterung, Freude, sich dem Gefühl widmen, am Gefühl arbeiten, sich erlauben* usw. die Ressourcenstärkung fördern und die Ressource besser integrieren lässt.

Gehen Sie nun wie folgt vor:

- Nehmen Sie sich Ihre *guten Gefühle* und betten Sie in einen Satz ein, welcher immer mit *„ich bin dankbar für ..."* beginnt. Nehmen Sie dabei nur ein *gutes Gefühl* pro Satz.

-

<u>Beispiel:</u>

Ihr *gutes Gefühl* ist Heiterkeit. Hieraus wird der Satz: *Ich bin dankbar für meine Heiterkeit.*

- Notieren Sie sich unter jeden Satz mindesten ein Beispiel, bei welcher Situation Sie in Ihrem Leben Ihr *gutes Gefühl* haben oder hatten, ist es derzeit etwas *verschüttet*. Das Beispiel muss auch enthalten, dass Sie hierfür dankbar sind.

- »» In weiteren Schritten notieren Sie sich die Sätze der anderen Blickwinkel. Schreiben Sie auch hierzu jeweils mindesten ein Beispiel, wobei dies bei manchen Sätzen manchmal eine kniffelige Angelegenheit ist, wenn man z.B. nach einem Beispiel sucht, bei dem man am *guten Gefühl* gearbeitet hat.

  Fällt Ihnen nicht gleich ein Beispiel ein, so lassen Sie einfach einen Platz auf Ihrem Papier frei und lesen sich die *beispiellosen* Sätze über die nächsten Tage oder auch Wochen immer wieder durch. Irgendwann werden Sie bestimmt ein Beispiel finden. Es braucht manchmal nur viel länger, als man gerne möchte.

Nehmen Sie die folgenden *Blick-Versionen*:
- Ich bin begeistert, dass ...
- Ich freue mich, dass ...
- Ich erlaube mir, dass ...
- Ich widme mich ...
- Ich arbeite an ...

- Lassen Sie sich noch weitere Blickwinkel einfallen und gehen Sie in gleicher Weise vor.

Dankbarkeit

Die Dankbarkeit hat für mich einen großen Stellenwert, denn das, wofür wir dankbar sind, haben wir bereits in uns.

In dem Buch „*Das Gesetz der Anziehung*" von Michael J. Losier[18] steht über die Dankbarkeit geschrieben: (51)

Anerkennung und Dankbarkeit helfen Ihnen, starke positive Schwingungen auszusenden. Wenn Sie etwas anerkennen und schätzen, senden Sie ein Gefühl und eine Schwingung reiner Freude aus. Erinnern Sie sich, wie es war, als Sie jemandem von ganzem Herzen gedankt haben. Die Gefühle, die Sie dabei erfahren haben, waren rein positiv.

Ein Anerkennungs- und Dankbarkeitstagebuch zu führen ist ein sehr effektives Mittel zur Aufrechterhaltung einer positiven Ausstrahlung. Indem Sie sich jeden Tag ganz bewusst Zeit für Anerkennung und Dankbarkeit nehmen, senden Sie absichtlich starke positive Schwingungen aus und schließen diese Schwingungen in Ihre Schwingungsblase ein.

18   Michael J. Losier – Das Gesetz der Anziehung -Verlag Integral – ISBN 978-3-7787-9190-5

Dies machen Sie in einer etwas anderen Form mit der Übung „*vom Symptom zu Ressource*". Allerdings kann es eine zusätzlich gute Methode sein, ein *Dankbarkeitstagebuch* zu führen. Es genügt hier schon, sich jeden Abend einen *Dankbarkeitspunkt* des vergangenen Tages aufzuschreiben, um eine positive Wirkung zu erzielen.

Michael J. Losier: (52) Sie können alles Mögliche anerkennen und dafür dankbar sein. Es kommt lediglich auf das Gefühl an, das Sie damit verbinden. Das Gefühl ist wichtig.

Janice, die sich nach einer idealen Beziehung sehnt, führt ein Anerkennungstagebuch. Was sie jeden Tag in dieses Buch schreibt, macht es ihr möglich, alles zu reflektieren, was sie an den Beziehungen in ihrem Leben so liebt. Hier ein paar Auszüge aus ihrem Anerkennungstagebuch:

- Ich bin dankbar für die Wanderung, die ich diese Woche mit ein paar Freunden gemacht habe.
- Es war sehr schön, heute mit guten Freunden Mittag zu essen.

- Ich weiß zu schätzen, dass meine Freunde mir so viel Aufmerksamkeit schenken.

- Es gefällt mir, dass ich so viele Freunde habe.

Bei Ihnen können ganz andere Themen und Ereignisse vorhanden sein, als im Beispiel mit Janice. Sie können den Beispielen aber gut entnehmen, dass es nichts Sensationelles sein muss, für das man dankbar ist, wie auch die Beispiele in der *Vom-Symptom-zur-Ressource-Übung* nicht Sensationelles sein müssen. Meist sind es die *kleinen Dinge*, die unser Leben bereichern.

Auch eine häufige Wiederholung spricht nicht dagegen, für diese Situation oder Sache dankbar zu sein. So kann Ihnen z.B. Ihr Lieblingsgericht so gut schmecken, dass Sie auch nach Jahren noch dafür dankbar sein können.

Bewegung

Inzwischen Sind Sie vom Symptom zur Ressource gekommen. Das Wissen darüber ist aber nur ein Teil, die Verstärkung der Ressource ein anderer. Hier kommt die Bewegung ins Spiel. Sie wissen ja bereits, wie stark sich Bewegungen auf unsere Emotionen auslösen.

Ein anderer Faktor sind Wiederholungen. Das was wir häufig wiederholen, lernen und integrieren wir, bis es ein Teil von uns wird. So werden Sie sich heute keine Gedanken mehr über das Schalten beim Auto fahren machen, obwohl beim Lernen dieser Bewegung bestimmt ein paar Male der Motor *„abgestorben"* ist. So soll es auch mit Ihren Ressourcen geschehen, die Sie herausgearbeitet haben. Daher wird neben der Bewegung auch die Wiederholung eine Rolle bei der täglichen Ressourcenstärkungsübung spielen.

Zuerst zur Bewegung. Bereits weiter oben habe ich angesprochen, dass Angst und Entspannung nicht zusammen passen. Im Bezug zur Angst gibt es auch noch einen weiteren Punkt. Lesen Sie hierzu den Abschnitt aus dem Buch *„Gefühle lesen"* von Paul Ekman:[19] (53)

---

19 Paul Ekman – Gefühle lesen – Verlag Spektrum – ISBN 978-3-8274-2568-3

... Viele Tiere erstarren bei der Konfrontation mit einer Gefahr – einem potenziellen Raubfeind zum Beispiel – zunächst einmal, vermutlich, weil sie dadurch das Risiko senken, entdeckt zu werden. ...

Manchmal gibt es nichts, was wir angesichts einer großen Bedrohung unternehmen können. ...

Wenn wir allerdings Gelegenheit bekommen, angesichts einer uns unmittelbar bedrohenden ernsten Gefahr etwas zu tun, ... geschieht etwas Hochinteressantes. Die für Angst typischen unliebsamen Gedanken und Empfindungen werden nicht mehr wahrgenommen, das Bewusstsein konzentriert sich vielmehr auf das, was zu tun ist, um mit der Gefahr fertig zu werden.

Als ich 1967 zum ersten Mal in Papua-Neuguinea war, musste ich für die letzte Etappe meiner Reise ein einmotoriges Flugzeug chartern, das mich zur Landebahn einer Missionsstation bringen sollte; von dort aus musste ich mich zu Fuß zu dem Dorf aufmachen, in dem ich wohnen wollte. Ich war bis dahin zwar oft genug in die unterschiedlichsten Gegenden der Welt geflogen, aber ein bisschen Flugangst war mir geblieben – genug, um nicht entspannen, geschweige denn schlafen zu können, egal wie lang die Reise dauerte. Mir war einigermaßen beklommen wegen der einmotorigen Maschine, aber ich hatte keine andere Wahl. Dort, wo ich hinwollte, gab es keine Straßen. Kaum waren wir in der Luft, ließ mich der 18-jährige Buschpilot wissen, die Bodenstation habe ihm soeben mitgeteilt, dass die Räder der Maschine beim Start abgefallen seien. Wir müssten umkehren, erklärte er, und eine Gleitlandung auf dem Erdstreifen der Landebahn versuchen. Da das Flugzeug dabei womöglich in Flammen aufgehen werde, solle ich mich zum Springen bereithalten. Er wies mich an, die Tür ein wenig zu öffnen, damit sie sich bei der Bruchlandung nicht verkeilte, weil ich dann nicht aussteigen könne. Er riet mir auch, die Tür nicht ganz zu öffnen, sonst würde ich vielleicht hinausfallen. Unnötig zu erwähnen, dass es keine Sicherheitsgurte gab.

Als wir um das Flugfeld kreisten und uns auf die Landung vorbereiteten, plagten mich überhaupt keine unangenehmen Empfindungen, ich hegte keinerlei angstvolle Gedanken über mein potenzielles Verderben. Vielmehr grübelte ich darüber nach, was für eine Ironie es doch wäre, es so weit geschafft zu haben, über zwei Tage unterwegs gewesen zu sein, um dann eine Stunde vor dem Ziel zu scheitern. In jenen Minuten vor der Bruchlandung schien mir all das

eher lächerlich oder absurd, jedenfalls nicht be-
ängstigend. ...

Paul Ekman erzählt in der Folge, wie die Landung gut verlief und er mit dem *„bisschen Tür
aufhalten"* beschäftigt war, so dass er keine
Angst bekam. Die Angst kam dann, wann alles
vorbei war und er sich kurze Zeit später in einem Ersatzflugzeug befand.

Bei einem Symptom geht es meist nicht um
solch eine klar abgegrenzte Gefahrensituation.
Trotzdem ist es auch hier so, dass durch ein Gefühl der Machtlosigkeit, des *„nichts tun können"*
die Angst gestärkt wird. Im Gegenzug wird sie
dadurch, dass man etwas tun kann, vermindert.

Verschwindet mit der Zeit das Symptom und es
tritt danach eine Angst auf, so ist diese doch
ganz anders als jene Angst, die man im Bezug
zum Symptom und seinen Folgen hatte.

Welch positiven Einfluss Bewegungen – und hier
besonders Bewegungen nach oben – haben,
zeigt ein Artikel aus Bild der Wissenschaft online:[20] (54)

... Bewegungen, die nach oben gerichtet sind,
helfen dabei, sich an positive Ereignisse zu erinnern.

---

20 „Hände hoch für gute Laune" aus Bild der Wissenschaft. Den ganzen Artikel finden Sie unter www.wis-
senschaft.de/wissenschaft/news/310328.html

Abwärtsbewegungen hingegen verleiten eher dazu, sich unangenehme Vorfälle ins Gedächtnis zu rufen. Das haben niederländische Forscher in Experimenten herausgefunden. Die Ergebnisse bestätigten ihre Vermutung, dass sprachliche Metaphern für positive oder negative Gefühle wie 'sich spitzenmäßig fühlen' oder 'down sein' in direktem Zusammenhang mit echten räumlichen Bewegungen stehen, berichten Daniel Casasanto vom Max-Planck-Institut für Psycholinguistik in Nijmegen und Katinka Dijkstra von der Erasmus-Universität Rotterdam.

Aus früheren Studien war bereits bekannt, dass sich Menschen eher an positive Ereignisse erinnern können, wenn sie lächeln und eine aufrechte Sitzposition einnehmen. Umgekehrt neigen sie mehr zu negativen Erinnerungen, wenn sie die Mundwinkel hängen lassen und in sich zusammengesackt sitzen. Auch hierbei handelte es sich zwar im weitesten Sinne um Auf- oder Abwärtsbewegungen, allerdings wurde der Effekt auf das Erinnerungsvermögen eher in der Nachahmung vermutet: Da die Probanden auch während des positiven Erlebnisses gelächelt und eine aufrechte Position eingenommen hatten, war das Ereignis direkt an diese Aktionen geknüpft. Casasanto und Dijkstra interessierte nun, ob auch völlig bedeutungslose Auf- oder Abwärtsbewegungen das Erinnerungsvermögen beeinflussen können. Unterstützung für ihre These sahen sie in der Umgangssprache: Emotional belegte Ereignisse werden häufig mit räumlichen Wörtern belegt, etwa 'am Boden sein' oder 'auf dem Höhepunkt'.

Sie überprüften ihre Vermutung mit einem simplen Experiment: 24 Probanden mussten im Takt eines Metronoms mit beiden Händen Glasmurmeln in eine hoch oder eine niedrig angebrachte Ablage legen. Während dieser Bewegung sollten die Teilnehmer den Forschern von einem positiven Erlebnis erzählen. Casasanto und Dijkstra maßen dabei die Zeit, die die Teilnehmer brauchten, bis sie sich an ein solches Ereignis erinnerten.

Das Ergebnis: Die Erinnerung an ein positives Ereignis setzte deutlich schneller ein, wenn die Probanden die Murmeln in die obere Ablage legten. Vollführten sie während des Nachdenkens Abwärtsbewegungen, dauerte es länger. Umgekehrt erinnerten sie sich dann aber schneller an negative Erlebnisse. In einem zweiten Experiment stellten die Forscher neutrale Forderungen an die Probanden, etwa 'erzähle von einem Ereignis im letzten Sommer'. Die Teilnehmer, die dabei Abwärtsbewegungen ausführten, berichteten deutlich häufiger von negativen Erinnerungen, während bei den Aufwärtsbewegungen schöne Erlebnisse überwogen.

Obwohl die Texte von Paul Ekman und Bild der Wissenschaft online, sehr verschieden sind, zeigen beide auf, wie stark die Bewegung mit unseren Emotionen verbunden ist und welchen Einfluss sie hat. Hierzu könnte man viele weitere Beispiele aufzeigen. Wir möchten uns aber an dieser Stelle lieber der Umsetzung der Ressourcenergebnisse aus der Übung „*Vom Symptom zur Ressource*" als Bewegungsübung widmen.

Bewegungsübung mit Text

Lesen Sie die folgende Anleitung gut durch und schauen Sie immer mal wieder ab, bis Sie alle Bewegungen verinnerlicht haben. Sie können auch die einzelnen Bewegungsabläufe mehrmals getrennt üben, bevor Sie den ersten Gesamtdurchgang machen.

Die Bewegungsübung eignet sich auch gut, sie im Paar oder in einer Gruppe durchzumachen. Hierbei kann jeder Teilnehmer seine Sätze spontan mit einbringen oder es wird die Abfolge zuvor festgelegt.

Sätze die immer wieder vorkommen, kann man auch auf Kärtchen schreiben, sie in eine Dose füllen und bei jedem Durchgang ein Kärtchen ziehen, mit dessen Satz man die Übung beginnt.

Bei einer Durchführung der Bewegungsübung als Paar oder Gruppe, empfiehlt es sich, sie gegenüber (beim Paar) oder im Kreis (bei der Gruppe) aufzustellen.

Bewegungsabfolge 1 *„Aufwärmen"*

Aufrichten

- Stehen, Knie nicht durchgedrückt, *düster* auf den Boden schauen.
- Während des Einatmens sich aufrichten und lächeln.
- Dann Ausatmen.

In Gang kommen

- Stehen, Beine ein wenig auseinander. Knie nicht durchstrecken. Das leichte Gefühl haben, auf etwas zu sitzen.
- Sieben Mal mit beiden Armen über den Kopf und zurück gehen.
- Beim nach oben Gehen einatmen und beim nach unten Gehen Ausatmen.
- Die Handflächen kommen zueinander, berühren sich jedoch nicht.
- Die Augen sind geschlossen.

Lächeln

- Breiten Sie die Arme weit nach außen aus.
- Handflächen nach vorne ausgerichtet.
- Lächeln Sie.
- Sagen Sie zehn Mal: *Was ich ausstrahle, strahlt zurück* (am besten laut).

Die Wirkung wird durch einen Spiegel (eine andere Person in der Gruppe oder ein realer Spiegel, wenn man die Übung alleine macht) verstärkt.

Verinnerlichen

- Beide Hände flach gegeneinander halten, Finger nach oben.
- Der Daumen hat die Höhe, knapp unterhalb des Kinns.
- Die Ellenbögen sind etwas vom Körper entfernt.
- Die Augen sind geschlossen.
- Der Kopf ist ein wenig nach vorne geneigt.
- Die Augen sind geschlossen.
- Drei mal sehr tief ein- und ausatmen.

Bewegungsabfolge 2 „*Kombination von Bewegung und Sprache*"

Am bestem machen Sie die Übung jetzt gleich mit Ihren Sätzen durch. Sie können die Übung zuerst einmal mit Dankbarkeit beginnen oder mit einem anderen Blickwinkel auf Ihr *gutes Gefühl*.

Am einfachsten ist zuerst einmal nur eine Form für die Übung zu nehmen. Später können Sie die verschiedenen Sätze aber auch innerhalb einer Übung mischen.

Den Raum öffnen

- Drei Mal mit einem Arm über den Kopf auf die andere Körperseite und zurück gehen.
- Mit den Augen und der Kopfbewegung dem Arm folgen.
- Beim über den Kopf gehen einatmen, beim zurück gehen ausatmen.
- Danach drei Mal die gleiche Bewegung mit dem anderen Arm.

Sich sammeln und flüstern

- Beide Hände flach gegeneinander halten, Finger nach oben.
- Der Daumen hat die Höhe, ungefähr bei der Nasenspitze. (Testen Sie die Höhe, bis Sie an der Stirn am meisten spüren).
- Die Ellenbögen sind etwas vom Körper entfernt.
- Die Augen sind geschlossen, die Körperhaltung ist aufgerichtet. Knie weich.
- Lächeln
- Flüstern Sie fünf Mal Ihren ersten Ressourcensatz (z.B. *Ich bin dankbar ...*).

Sich strecken und innerlich sprechen

- Mit beiden Armen über den Kopf gehen (relativ weit hinten) und durch die Nase einatmen und sich auf diesen Atem konzentrieren.

- Zur gleichen Zeit auf die Zehenspitzen gehen.

- Lächeln

- Über dem Kopf die Hände flach gegeneinander führen, bis man die jeweils andere Hand spürt. Die Hände berühren sich nicht.

- Während der Bewegung nach oben und wenn Sie oben sind, sprechen Sie sich innerlich Ihren ersten Ressourcensatz (es ist der selbe Satz, den Sie eben geflüstert haben).

- Beim zurückgehen die Handflächen nach unten drehen und ausatmen.

- Wiederholen Sie diese Bewegung mit dem innerlichen Sprechen fünf Mal.

- Die Augen sollten bei gutem Gleichgewicht geschlossen bleiben.

Empfangen, Geben und konzentrieren

- Die Arme werden seitlich ausgestreckt, wobei die Ellenbögen etwas gebeugt sind.

- Die Handflächen zeigen nach vorne und oben.

- Sie flüstern alle bisher durchgemachten Ressourcensätze, jeweils ein Mal. Beim ersten Durchgang haben Sie nur einen Satz, beim zweiten Durchgang zwei Sätze, beim dritten Durchgang drei Sätze und so weiter.

Wiederholung der Bewegungsabfolge 2, bis alle Ressourcensätze durchlebt wurden.

Bewegungsabfolge 3 – Abschließen

Verinnerlichen *(entsprechend dem Verinnerlichen weiter oben)*

- Beide Hände flach gegeneinander halten, Finger nach oben.

- Der Daumen hat die Höhe, knapp unterhalb des Kinns.

- Die Ellenbögen sind etwas vom Körper entfernt.

- Die Augen sind geschlossen.

- Der Kopf ist ein wenig nach vorne geneigt.

- Die Augen sind geschlossen.

- Drei Mal tief ein- und ausatmen.

Sich strecken

- Mit beiden Armen über den Kopf gehen (relativ weit hinten) und durch die Nase einatmen und sich auf diesen Atem konzentrieren.
- Zur gleichen Zeit auf die Zehenspitzen gehen.
- Lächeln
- Über dem Kopf die Hände flach gegeneinander führen, bis man die jeweils andere Hand spürt.
- Die Hände berühren sich nicht.
- Mit dem Ausatmen zurückgehen.

Aufrichten *(entsprechend dem Aufrichten weiter oben)*

- Stehen, Knie nicht durchgedrückt, *düster* auf den Boden schauen.
- Während des Einatmens sich aufrichten und lächeln.
- Ausatmen

Sich ein letztes Mal strecken *(entsprechend dem „sich strecken" weiter oben)*

- Mit beiden Armen über den Kopf gehen (relativ weit hinten) und durch die Nase einatmen und sich auf diesen Atem konzentrieren.

- Zur gleichen Zeit auf die Zehenspitzen gehen.
- Lächeln
- Über dem Kopf die Hände flach gegeneinander führen, bis man die jeweils andere Hand spürt.
- Die Hände berühren sich nicht.
- Mit dem Ausatmen zurückgehen.

Für die Eigenarbeit empfehle ich zehn Ressourcensätze, die man sich „erarbeitet" hat. Ebenso kann man sich auch spontan Ressourcensätze einfallen lassen. Dies eignet sich vor allem, wenn man die Übung bereits eine längere Zeit macht.

Bei der Arbeit mit einem Klienten empfehle ich nur sieben Ressourcensätze, um den Klienten nicht zu überfordern und ihn sich gleichzeitig auf diese Sätze konzentrieren zu lassen. Der Klient beginnt am ersten Tag mit nur einem Satz und erweitert die Übung dann jeden Tag um einen weiteren Satz, so dass er erst nach einer Woche alle sieben Sätze in die Übung integriert hat. Durch dieses Vorgehen wird der Bewegungsablauf gut trainiert und das Gefühl der Überforderung durch die verschiedenen Bewegungen und den dazugehörigen Ressourcensätzen, abgeschwächt.

Lächeln

Immer wieder werden Sie bei den Bewegungs-
abläufen ermuntert zu lächeln. Weshalb dies
wichtig ist, zeigt ein Artikel aus Bild der Wissenschaft online:[21] (55)

... Schon das Lesen des Worts „Lächeln" reicht,
um die Lachmuskeln in Aktion treten zu lassen:
Emotionale Ausdrücke werden vom Gehirn
buchstäblich verkörpert, haben niederländische
Forscher jetzt nachgewiesen. Je bildhafter das
Wort dabei ist und je klarer es eine Körperfunk-
tion beschreibt, desto ausgeprägter ist die Reaktion.

... Die Forscher ließen 30 Freiwillige Wörter auf
einem Bildschirm lesen, während sie mit Elek-
troden die Aktivität von zwei für die Mimik
wichtigen Gesichtsmuskeln überwachten: des
Jochmuskels, der die Mundwinkel steuert, und
des sogenannten Stirnrunzlers, der für die Auf-
und Abbewegung der Augenbrauen zuständig
ist. Die Hälfte der Wörter bezog sich auf positi-

---

21 Aus dem Artikel „Schon ein einfaches Wort lässt das
    Gehirn lächeln" von Wissenschaft online. Den ganzen
    Artikel finden Sie unter www.wissenschaft.de/wissen-
    schaft/news/305402.html

ve Gefühle, die andere auf negative. Beide Gruppen bestanden jeweils aus Verben wie lächeln, grinsen und lachen sowie die Stirn runzeln, weinen und kreischen, die Körpervorgänge beschrieben, und aus allgemeineren Adjektiven wie komisch, lustig, irritierend oder ärgerlich, die eher einen abstrakten Zustand umfassten. Vor allem bei den Verben beobachteten die Forscher einen deutlichen Effekt: Nur die positiven Wörter ließen den Mundwinkel zucken, die negativen dagegen den Stirnrunzler in Aktion treten. Das hatte sogar Auswirkungen auf die Stimmung der Probanden – selbst dann, wenn sie die Wörter so kurz vorgesetzt bekamen, dass sie sie gar nicht bewusst wahrnahmen, zeigte eine weitere Studie: Die positiven Begriffe beziehungsweise die körperliche Reaktion darauf führten dazu, dass die Testteilnehmer Comic-Abbildungen komischer fanden, als wenn sie einen negativen Begriff gesehen hatten. Wurde die Muskelaktivität verhindert, indem der Proband einen Stift mit den Lippen festhielt, blieb die Belustigung aus.

… Wie die aktuelle Arbeit zeige, verursache das Hören von Wörtern nicht nur, wie angenommen, Aktivität in für die Bewegung zuständigen

Hirnarealen. Diese Aktivität wird auch in echte körperliche Reaktionen umgesetzt. ...

Sie haben mit der Übung „*Vom Symptom zur Ressource*" in Kombination mit der „*Bewegungsübung mit Text*" nun sehr effektive Werkzeuge an der Hand. Allerdings müssen Sie sie über eine längere Zeit konsequent einsetzen, damit ihre volle Wirkung zur Geltung kommt. Am Üben führt kein Weg vorbei, auch nicht, will man die eigenen Ressourcen aktivieren.

Ich selbst mache die Übung praktisch jeden Tag durch, manchmal alleine, sehr oft aber mit meiner Frau zusammen, denn es ist eine wunderbare gemeinsame Aktivität, sich wohl zu fühlen.

Im letzten Teil des Buchs möchte ich nun einen Abstecher in eine Fragestellung wagen, die sich generell damit beschäftigt, inwieweit Krankheit das Gegenteil von Gesundheit ist oder ob es da nicht auch andere Sichtweisen gibt. Eine dieser anderen Sichtweisen ist das Modell vom Jäger und Sammler von Thom Hartmann.

Jäger und Sammler

Bevor ich aber endgültig auf das Modell *Jäger/Sammler* eingehe, eine schöne Beschreibung des Polaritätsgesetzes von Thorwald Dethlefsen[22] (56), da das Thema Gegensätze viele Bereiche des Buches durchziehen und auch beim Modell *Jäger/Sammler* anzutreffen sind.

Thorwald Dethlefsen: ... Das Polaritätsgesetz wirkt anfänglich zu einfach, zu selbstverständlich, als dass es lohnend erschiene, sich damit näher zu beschäftigen. Alles, was der Mensch in der Welt der Erscheinungsformen vorfindet, und alles, was der Mensch sich vorstellen kann, offenbart sich ihm immer in zwei Polen. Es ist dem Menschen unmöglich, sich eine Einheit außerhalb der Polarität vorzustellen. Zahlensymbolisch heißt dies, dass die Zahl Eins nicht denkbar ist, solange die Zahl Zwei noch nicht erschaffen ist, die Eins setzt die Zwei voraus.

Auf der geometrischen Ebene ist dies leichter nachvollziehbar. Das geometrische Symbol der Eins ist der Punkt – ein Punkt besitzt weder räumliche noch flächige Ausdehnung, sonst wäre er eine Kugel oder eine Scheibe. Der Punkt besitzt keine Dimension. Einen solchen

22 Aus „Schicksal als Chance" – Verlag Goldmann – ISBN 3-442-11953-7

Punkt können sich Menschen aber gar nicht vorstellen, denn jede Vorstellung eines Punktes besitzt immer eine Ausdehnung, auch wenn er noch so klein ist. Diese Einheit ist also für Menschen unbegreiflich.

Sein Bewusstsein gehorcht dem Gesetzt der Polarität. Es untersteht der Zwei. So gibt es Plus und Minus, ... Licht und Finsternis. ... Solche Begriffspaare nennen wir Gegensätze, und wir sind gewohnt, im konkreten Fall die Frage «Entweder-Oder» zu stellen. Wir versuchen ständig alle Phänomene Begriffspaaren zuzuordnen. Etwas ist entweder groß oder klein, hell oder dunkel, gut oder böse. Wir sind der Meinung, dass diese Gegensätze einander ausschließen – hier liegt unser Denkfehler.

Hier sind Sie mit Ihrem Wissen bereits ein Stück weiter. Ihnen ist klar, dass es immer etwas gibt was zwei Pole miteinander verbindet – und genau das ist es, worum es geht. Ganz konkret haben Sie dies bei der Übung „*Vom Symptom zur Ressource"* erarbeitet, wo Sie nur durch das Symptom zur Ressource gekommen sind – die Ressource aber auf einer ganz anderen Ebene liegt, als man ursprünglich das Symptom liegen sah. Trotzdem kann man jetzt diese Ebene auch dem Symptom zuordnen. Darin zeigt sich die Mitte, die Verbindung der zwei Pole – eine Einheit, die nur durch die zwei Pole als solche definiert werden kann.

Thorwald Dethlefsen: (57) Die Wirklichkeit besteht aus Einheiten, die sich jedoch dem menschlichen Bewusstsein nur polar offenbaren. Wir können die Einheit als Einheit nicht wahrnehmen. Woraus wir nicht folgern dürfen, dass diese nicht existiert. Die Wahrnehmung der Polarität setzt zwangsläufig die Existenz einer Einheit voraus. Die Zwei kann immer nur Folge der Eins sein. Wir sehen die Einheit immer nur in zwei Aspekten, die uns gegensätzlich erscheinen. Doch gerade Gegensätze bilden zusammen eine Einheit und sind in ihrer Existenz voneinander abhängig.

Das Beispiel mit den Zahlen gehört für mich nicht ganz zur Polarität, auch wenn es die Abhängigkeit einer zweiten Sache zur Definition einer ersten Sache gut beschreibt. Jedoch kann ich nicht erkennen, worin die Gegensätzlichkeit der Zahlen Eins und Zwei besteht. Es ist hier eine Reihe zu erkennen, keine Gegensätzlichkeit.

Man kommt schnell in Schwierigkeiten, möchte man ein konkretes Gegenteil der Zahl Eins definieren. Eventuell könnte man hier *„minus Eins"* nehmen. In diesem Fall wäre Null, also *„nichts"*, die Einheit der zwei Punkte. Wenn aber bereits

Null nichts ist, wie kann dann minus Eins noch weniger sein?

Diese Definition lässt sich also nur begreifen, wenn Eins und *„minus Eins"* innerhalb einer Rechnung auftauchen, in der die Mitte nicht Null ist, sondern ein Wert, den wir wieder (über unsere gegensätzliches Denken) definieren können.

Wie beim Beispiel von Thorwald Dethlefsen mit dem Punkt, merken wir schnell, dass wir oft mit Begriffen hantieren, die wir bei genauerem begutachten nur schwerlich oder gar nicht definieren können. Vielleicht noch aus dem Denken heraus, aber kaum mehr mit unserer Sprache.

Nehmen wir nochmals die Null im Sinne von *„nichts"*. Bereits beim Denken haben wir dabei Probleme, wenn wir uns etwas nicht vorstellen sollen, weil da nichts ist. Dieses Nichts muss in irgend etwas eingebettet sein – und sei es nur in ein Licht oder eine Dunkelheit. Die reine Vorstellung des Nichts ist mit unserem Bewusstsein unvereinbar.

Früher sagte man, es gäbe nichts zwischen den Planeten und Galaxien. Wenn es aber Nichts in seiner absoluten Form zwischen den Planeten und Galaxien gäbe, so können wir sie nicht wahrnehmen – wie sollte denn das Licht durch das Nichts gelangen? Wie sollten die Planeten und Galaxien Ihre Plätze haben, ohne z.B. der Gravitationskraft?

Sowohl Licht als auch die Gravitation muss das Nichts überwinden. Wie soll aber etwas etwas überwinden das es gar nicht gibt? Denn das Nichts kann es nicht geben, weil das Wort geben die Existenz von *„etwas"* voraussetzt.

Man könnte hier in endlose Gedankenspiele verfallen, was Ihnen vielleicht auch ganz gut tut. Denn es ist eine ideale Möglichkeit, die Welt neu zu sehen – und sie neu zu sehen eröffnet neue Möglichkeiten, die, wenn Sie sie richtig nutzen, allerlei Ressourcen in Ihnen aktivieren.

Gehen wir weiter zu den Jägern und Sammlern. Auch hier befinden wir uns im Bereich der Gegensätzlichkeiten.

Die Theorie von den Jägern und Sammlern wurde von Thom Hartmann erarbeitet, auf der Basis der Begabungen von Menschen mit ADS (Aufmerksamkeitsdefizitsyndrom) und denen, die kein ADS haben.

Passend zum Thema Ressourcenstärkung ist der Titel seines Buches: *„Eine andere Art, die Welt zu sehen"*, welches er 1993 geschrieben hat.[23] Alle Beispiele von Thom Hartmann stammen aus diesem Buch.

23 Thom Hartmann: „Eine andere Art, die Welt zu sehen – Das Aufmerksamkeits-Defizit-Syndrom" – Verlag Schmidt Röhmhild – ISBN 978-3-7950-0735-5

Bitte lesen Sie die folgende Liste aus dem Buch von Thom Hartmann aufmerksam durch und notieren Sie auf einem Blatt Papier, wo Sie sich wiederfinden. Sie können sich hierzu die Buchstabenkombinationen auf ein Blatt Papier schreiben.

Sie haben die Möglichkeit, auch auf beiden Seiten (*Hunter* und *Farmer*) die Angaben zu markieren (z.B. A-J und A-F).

(58) Aus der Sicht der „Hunter"

A-J) Überwachen ständig die Umgebung.

Wesenszug der „Farmer"

A-F) Nicht leicht von der augenblicklichen Aufgabe abzulenken

Aus der Sicht der „Hunter"

B-J) Können sich ohne jede Verzögerung sofort auf die Jagd begeben.

Flexibel; bereit, Strategien schnell abzuändern.

Wesenszug der „Farmer"

B-F) Können eine stetige, verlässliche Bemühung aufrechterhalten.

Sind ordentlich und wohlorganisiert. Sie haben Langzeitstrategien und halten sich daran.

<u>Aus der Sicht der „Hunter"</u>

C-J) Unermüdlich: können lange Strecken durchstehen, aber nur nur, wenn sie „auf der heißen Spur" sind und ein Ziel verfolgen.

<u>Wesenszug der „Farmer"</u>

C-F) Sie sind sich der Zeit und der Zeitpläne bewusst. Sie bekommen ihre Aufgaben rechtzeitig fertig, sie legen ein stetiges Arbeitstempo vor, haben gutes „Durchhaltevermögen".

<u>Aus der Sicht der „Hunter"</u>

D-J) Ergebnisorientiert. Sind sich beinahe schmerzhaft bewusst, ob sie sich dem Ziel im Augenblick nähern oder nicht.

<u>Wesenszug der „Farmer"</u>

D-F) Geduldig. Sind sich darüber im klaren, dass „gut Ding Weile haben will". Sind bereit zu warten.

<u>Aus der Sicht der „Hunter"</u>

E-J) Visuell/konkrete Denkweise, sehen ein erreichbares Ziel klar vor sich, auch wenn ihnen dafür die Worte fehlen.

Wesenszug der „Farmer"

E-F) Sind viel eher in der Lage, Ziele zu verfolgen, die im Augenblick nicht leicht zu sehen sind.

Aus der Sicht der „Hunter"

F-J) Unabhängig

Wesenszug der „Farmer"

F-F) Teamfähig

Aus der Sicht der „Hunter"

G-J) Langweilige Aufgaben öden sie an; sie lieben neue Ideen, Aufregung, „die Jagd", das Verfolgen einer „heißen Spur".

Wesenszug der „Farmer"

G-F) Konzentriert. Gut bei der genauen weiteren Durchführung, achten auf Details, „kümmern sich ums Geschäft".

Aus der Sicht der „Hunter"

H-J) Sind willens und in der Lage, Risiken auf sich zu nehmen und der Gefahr ins Auge zu blicken.

<u>Wesenszug der „Farmer"</u>

H-F) Sorgfältig und sorgsam: „Erst schauen, dann springen".

<u>Aus der Sicht der „Hunter"</u>

I-J) „Keine Zeit für Feinheiten, wenn es darum geht, Entscheidungen zu fällen!"

<u>Wesenszug der „Farmer"</u>

I-H) Umsorgen andere, schaffen und fördern die Werte der Gemeinschaft, spüren, ob etwas von Dauer sein wird.

Bitte schreiben Sie die folgende Liste der möglichen Resultate und markieren Sie Ihre Ergebnisse:

„Hunter"	„Farmer"
A-J	A-F
B-J	B-F
C-J	C-F
D-J	D-F
E-J	E-F
F-J	F-F
G-J	G-F
H-J	H-F
I-J	I-F

Vielleicht haben Sie es bereits erahnt: Alle Resultate mit J gehören zum Krankheitsbild von ADS (zur Zeit, als Herr Hartmann das Buch schreib, noch ADD – *Attention Deficit Disorder*). Lesen Sie einmal die entsprechenden Definitionen in der „*Störungs*"-*Sichtweise* (wieder aus dem Buch von Thom Hartmann): (59)

A-J: Leicht abzulenken.

B-J: Kurze Aufmerksamkeitsspanne, können sich aber über lange Zeit hinweg ungeheuer intensiv konzentrieren.

C-J: Schlechte Planer, unordentlich, chaotisch und impulsiv (übereilte Entscheidungen).

D-J: Verzerrtes Zeitgefühl: keine Vorstellung davon, wie lange es dauern könnte, eine bestimmte Aktion auszuführen.

E-J: Ungeduldig

F-J: Können schlecht Wörter in Konzepte umwandeln und umgekehrt. Können unter Umständen auch Leseschwächen haben.

G-J: Haben Probleme, die Anweisungen anderer zu befolgen.

H-J: Tagträumer – Handeln, ohne die Konsequenzen zu bedenken.

I-J: Ziemlich ungehobelte Umgangsformen.

Ich weiß nicht, wo Sie sich wiedergefunden haben – vielleicht aber doch das eine oder andere Mal auch bei den *Jägern* (*Huntern*).

Es stellt sich hier die Frage: *Ist Krankheit das Gegenteil von Gesundheit?*

In der Werbung für Arzneimittel wird uns das immer wieder vorgeführt: Die Krankheit oder die Beschwerde ist nur etwas, was uns in unserem Leben einschränkt und behindert. Leicht vergessen wir dabei, dass es sich oft um einen Schutzmechanismus des Körpers handelt, der uns einen Stopp setzt, weil wir ihn (in unserem Verhalten) sonst nicht setzen. Bei der Entwicklung sind Krankheiten wichtig, um u.a. das Immunsystem aufzubauen und zu kräftigen. Es kann also nicht stimmen, dass Krankheit einfach nur das Gegenteil zur Gesundheit ist.

Ich möchte hier nicht der Frage nachgehen, wie man Krankheit im Bezug zur Gesundheit allgemeingültig definiert. Dieses Thema wäre ein ganzes Buch wert, würde die Frage wohl aber nie allgemeingültig beantworten können. Zu viele subjektive Wahrnehmungen spielen eine Rolle, wie z.B., ab wann man eine Beschwerde als Symptom oder Krankheit einordnet.

Anhand der Tabelle *Jäger/Sammler* kann man gut erkennen, dass es auch eine Einschätzung der Kultur und Gesellschaft ist, wann etwas als „*krank*" definiert wird. Dabei hat unsere Gesellschaft eine sehr stark *Farmer* geprägte Struktur aufzuweisen. Man könnte fast meinen, dass viele positive Eigenschaften der *Jägers*, also auch deren Ressourcen, überhaupt nicht positiv wären – nur weil unser Gesellschaftstyp diese meist nicht braucht. Dabei gab es andere Zeiten, in denen diese Eigenschaften einen Überlebensvorteil boten, sonst wären Sie von der Evolution nicht so herausgebildet worden.

Bei manchen Krankheiten konnte dieser evolutionäre Vorteil bereits klar definiert werden:

Thom Hartmann: Moderne molekularbiologische Untersuchungen konnten zeigen, dass die Tray-Sachs-Krankheit, die Sichelzellenanämie und sogar die gefürchtete Mukoviszidose alle genetisch bedingt sind und sich ursprünglich als Reaktion auf bestimmte Zeiten und Bedingungen als Überlebensmechanismen herausgebildet haben. Die ererbte Körpergröße hilft beim Überleben in einer primitiven Gesellschaft, in welcher der am größten gewachsene Krieger überlebt und seinen genetischen Code vererbt, oder wo der kleine Mensch während einer Hungersnot weniger Kalorien verzehrt oder sich leichter im Dschungel oder Wald verstecken kann. ...

Über Jahre hinweg sind viele wissenschaftliche Publikationen über physische Fehlfunktionen erschienen, welche die natürliche Evolution bestimmter Überlebensmechanismen widerspiegeln. Was ist aber mit mentalen Funktionen? Es besteht eine enge Verbindung zwischen Geist und Körper. Wenn dieselben evolutionsbedingten Veränderungen im Gehirn stattfinden, dann hatten vielleicht einige abnorme Gemütszustände in der Geschichte einmal ihren Nutzen. So wie die Hunter-Konstitution jemanden für eine bestimmte Art des Überlebens bestens ausrüstet, erlauben es vielleicht andere Gemütszustände dem Gehirn, sich auf die „Wellenlänge" von Wahrnehmungen einzustellen, die den meisten von uns nicht zugänglich sind.

Es ist also einmal wieder die Frage nach dem Blickwinkel. Er macht es auch aus, ob etwas als Nachteil oder Vorteil gewertet wird. So kann ein scheinbarer Nachteil, wie z.B. zu dick zu sein, dazu führen, dass man einen speziellen Ratgeber oder Kleidung für *„Vollschlanke"* erfolgreich herausgeben bzw. verkaufen kann. Dies kann man durch die eigene Erfahrung besser als andere und ist in dem Vorhaben auch glaubhaft – der Nachteil wurde in solch einem Fall zur Ressource.

Dies soll nicht darüber hinwegtäuschen, dass wir manches Verhalten ändern sollten, weil es uns nicht gut tut – selbst wenn wir es wirtschaftlich in einen Vorteil verwandeln könnten. Meist möchten wir es aber schon gar nicht anschauen. Dann vergeben wir die Chance, die dazugehörigen Ressourcen aus uns herauszukitzeln – denn die Übung *„Vom Symptom zur Ressource"* lässt sich ebenso als *„Vom ungünstigen Verhalten zur Ressource"*-Übung machen. Probieren Sie es aus!

Lassen Sie mich nochmals auf die evolutionären Vorteil des *Jäger-Typus* eingehen, welchen wir in seiner reinen Form zumeist als ADS (Aufmerksamkeitsdefizitsyndrom) bezeichnen. Immerhin wurde aus *„Disorder"* inzwischen zum Syndrom umformuliert. Trotzdem stufen wir es weiterhin als Krankheit ein.

Ich möchte hier nicht bestreiten, dass es eine krankhafte Form von ADS gibt, dies bestreitet auch Thom Hartmann nicht. Trotzdem gehen wir zu leichtfertig mit der sofortigen Einstufung als Krankheit um – dies auch in anderen Bereichen.

Thom Hartmann: (60) ... Leute mit ADD sind die genetischen Erben der Jäger und Sammler Sie sind diejenigen, deren prähistorische Vorfahren sich vor Tausenden von Jahren in Jäger-und-Sammler-Gesellschaften entwickelt und spezialisiert haben.

Das „*Krankheitsbild*" ist also nicht neu, nur die klare Einstufung als Krankheit. In unserem Denken an die Vergangenheit sind wir geneigt, lediglich die letzten Jahrzehnte oder vielleicht auch Jahrhunderte in unsere Überlegungen mit einzubeziehen. Die Evolution hatte da viel mehr Zeit.

Thom Hartmann: (61) Es gibt zahlreiche andere Beispiele für vermeintlich genetische „Krankheiten", die in Wirklichkeit Überlebensvorteile gebracht haben. Die Sichelzellenanämie zum Beispiel macht, wie man heute weiß, ihre Opfer für Malaria weniger anfällig. Für das Überleben im malariaverseuchten Dschungel war dies ein wichtiger evolutionärer Schutz gegen den Tod durch diese Krankheit. In der malariafreien Umgebung von Nordamerika hat sie sich zu einem Nachteil entwickelt.

Ähnliches gilt für das Tray-Sachs-Syndrom, eine genetisch bedingte Besonderheit, die man hauptsächlich bei osteuropäischen Juden findet. Jüngere Forschungen deuten darauf hin, dass das für diese Krankheit verantwortliche Gen seine Opfer in jüngeren Jahren vor tödlichen Durchfallkrankheiten wie der Cholera schützt, die sich einige Jahrtausende lang immer wieder über Europa ausbreiteten. Ja, sogar die Mukoviszidose, eine tödlich verlaufende Erbkrankheit, die man bei weißen Nordamerikanern sehr häufig antrifft – einer von fünfundzwanzig hat dieses Gen –, könnte eine genetische Anpassung sein. Das Gen verhilft ihnen zu einer verhältnismäßig guten Immunität gegen Tuberkulose.

Immer wieder wird von den entsprechenden Genen gesprochen. Interessant ist hierbei, dass es nur zum Teil auf das Gen, vielmehr aber auf dessen Aktivierung ankommt. Ansonsten müsste jeder 25. Nordamerikaner Mukoviszidose haben.

Es gibt hierzu inzwischen zahlreiche Studien die belegen, dass es auf die Aktivierung bzw. Nicht-Aktivierung der Gene oder eines Gens ankommt.

Für uns ist das eine sehr gute Nachricht, denn die Gene selbst können wir in unserem Leben nicht verändern, dafür aber (zumindest zum Teil) die Mechanismen die zum An- oder Abschalten eines Gens führen. Diese Mechanismen sind viel mehr mit dem jetzigen Leben verknüpft, als die evolutionäre Veränderung der Gene.

Sind Sie an diesem Thema interessiert, so empfehle ich Ihnen das Buch *„Intelligente Zellen"* von Bruce Lipton.[24] (62)

Thom Hartmann: Es ist gar nicht so ungewöhnlich, dass Menschen einen in ihr genetisches Material eingebauten Schutz gegen regional vorkommende Krankheiten oder andere ortstypische Umweltbedingungen besitzen. ... Die Menschen mit der besten Immunität überleben und können diesen genetischen Code an ihre Nachfahren weitergeben.

In der Entwicklungsgeschichte der Menschheit haben sich zwei grundlegend verschiedene Kulturen herauskristallisiert. In den Gebieten, die eine reiche Pflanzen- und Tierwelt hatten, war die Bevölkerungsdichte bei den Menschen ge-

---

24 Intelligente Zellen – wie unsere Erfahrungen unsere Gene steuern" von Bruce Lipton, Verlag KOHA – ISBN 978-3-936862-88-1

ringer, wobei die Jäger und Sammler vorherrschten. In anderen Teilen der Welt (vor allem in Asien) entwickelten sich dagegen eher landwirtschaftlich orientierte Gesellschaften.

In welcher Umgebung wir leben, hat demnach eine große Auswirkung auf das, wie wir werden – nicht nur innerhalb von ein paar Jahren, sondern auch evolutionär.

Allerdings kann eine Häufung oder Abnahme bestimmter Typen recht schnell von statten gehen, wenn diese keinen oder kaum noch einen Platz in einer Gesellschaft finden – denn wie sollten Sie dann in ausreichenden Maß ihren genetischen Code weitergeben?

Thom Hartmann: (63) ERFOLGREICHE JÄGER

... immer brauchten diese Jäger ganz bestimmte körperliche und geistige Eigenschaften, um erfolgreich zu sein.

Sie kontrollieren fortwährend ihre Umgebung. Dieses Rascheln im Gebüsch könnte ein Löwe oder eine verborgene Schlange sein. Wenn man nicht alles in seiner Umgebung mitbekommt, und sei es auch nur der leiseste Ton, dann könnte das einen schnellen und schmerzhaften Tod bedeuten. Dieses Geräusch oder jene blitzschnelle Bewegung könnte von dem Tier stammen, an das sich der Jäger gerade anpirscht. ...

Dass diese Form der Aufmerksamkeit (sie kontrollieren fortwährend ihre Umgebung) in unseren Schulen und auch zumeist im Beruf hinderlich ist, liegt klar auf der Hand.

Es ist eine Fähigkeit, die bei uns bei einem künstlerischen Beruf Grundvoraussetzung ist: dem Dirigenten. Wenn er nicht ständig alles und jeden Orchestermusiker hört, entgleitet ihm sehr schnell die Möglichkeit, das Orchester zu führen. Er wird dann wohl nicht gefressen, dafür bricht alles auseinander, was ihm im schlimmsten Fall seinen Job kosten kann – was ihn wiederum erst einmal aus der Gesellschaft ausschließt. Die Wichtigkeit dieses fortwährenden Kontrollierens seiner Umgebung ist hier also enorm wichtig.

Thom Hartmann: (64) ... <u>Sie können sich völlig in die Jagd vertiefen</u>; die Zeit läuft für sie unterschiedlich schnell. Ein weiteres typisches Merkmal eines guten Jägers ist die Fähigkeit, im entscheidenden Augenblick voll da zu sein und dabei jegliche Gedanken an andere Zeiten oder Orte auszuschließen. ... Er lebt ganz im Augenblick, im Hier und Jetzt, ...

Ist das nicht das Ziel vieler Lebenskonzepte?

Thom Hartmann: (65) ... Solange er mit der Jagd beschäftigt ist, scheint ihm die Zeit in rasantem

Tempo davonzueilen. Wenn er nicht jagt, vergeht die Zeit viel langsamer. Und während die Konzentrationsfähigkeit eines Hunters im allgemeinen recht niedrig sein mag, so ist doch seine Fähigkeit, sich im entscheidenden Moment voll auf die Jagd zu konzentrieren, ganz erstaunlich.

Es scheint also recht wenige *„Jagdszenen"* in unseren Klassenzimmern und im Beruf zu geben, denn oft wird nur *„taggeträumt"*. Hier könnten *„Jagdspiele"*, bei denen man sich in einer ähnlichen Weise konzentrieren und seine Aufmerksamkeit wie bei einer Jagt lenken muss, Abhilfe schaffen. Leider wird dies zumeist nur über mehr oder weniger sinnvolle Computerspiele umgesetzt. Das dort Erlernte kann wohl auch im realen Leben hilfreich sein (so haben z.B. Chirurgen, die Computerspiele gemacht haben, die viel Feinmotorik erforderten, auch bei Operationen dieses höhere Maß an Feinmotorik), ist es aber lange nicht in dem Maß, wie es durch spezielle Spiele möglich wäre.

Wie das Beispiel mit dem Dirigenten gezeigt hat, muss ein „Jagdspiel" keineswegs irgend etwas mit einer realen Jagd zu tun haben. Es kommt lediglich auf die Art und Weise der Aufmerksamkeitslenkung und Konzentration an.

Thom Hartmann: (66) <u>Sie sind flexibel und kön-</u><u>nen ihre Strategie blitzartig ändern.</u> ... Ord-nungsliebe ist für einen Jäger nicht besonders wichtig, dafür ist aber die Fähigkeit zu schnellen Entscheidungen und deren sofortige Umset-zung in die Tat lebenswichtig.

Das derzeitige Gegenteil zu diesen Fähigkeiten kann man bei uns unter dem Überbegriff *„Be-hörde"* ansiedeln. Es geht um Ordnung und die Umsetzung der Vorgaben. Bei anstehenden Ent-scheidungen wird abgewogen und geprüft, was einer schnellen Entscheidung widerspricht. Eine sofortige Umsetzung wird dann wohl ange-strebt, wobei von den Bürgern häufig Wider-spruch eingelegt wird, was wieder zur Nachprü-fung führt und die sofortige Umsetzung unmög-lich macht.

Man muss dazu aber auch bemerken, dass unse-re derzeitige Gesellschaftsstruktur bereits vom Aufbau her, kein flexibles Handeln und keine schnellen Strategieveränderungen zulässt. Dies bildet sich recht schnell in einer Gesellschaft so heraus (das Beispiel mit dem *Jäger* ist ja wäh-rend der Jagd, nicht wenn er mit anderen im Dorf zusammen ist), da das oberste Gesetz eines Systems die Stabilität ist. Die Stabilität ist aber nur gegeben, wenn sich möglichst wenig ändert, sei dies nun positiv oder negativ, das spielt kei-ne Rolle.

Dies merken Sie schnell, wenn Sie an Ihre Familie denken und sich vorstellen, dass jeder plötzlich flexibel handeln würde. Sie wüssten nicht mehr, woran Sie bei der Person sind, denn flexibel ist in solchen Fällen sehr ähnlich zu dem, dass man das Handeln dieser Person nicht mehr einschätzen kann.

Es kommt also sehr stark auf die Situation an, ob die *Jägereigenschaften* positiv oder negativ zu werten sind. Sollten Sie sich in diesem Fall zu den *Jägern* zählen, dann empfehle ich Ihnen, sich Gedanken zu machen, in wieweit Sie sich mehr solche Situationen schaffen können, in denen dieses Verhalten positiv ist. Dann nutzen Sie Ihre *Jäger-Eigenschaft* als Ressource.

Thom Hartmann: (67) <u>Sie können einen unglaublichen Energieschub in die Jagd einbringen</u>, der oft so stark ist, dass sie sich selbst dadurch schaden, indem sie jegliches „normale" Maß weit überschreiten, ohne dass sie das in diesem Augenblick selbst erkennen. Wie der Löwe, der Inbegriff des Jägers im Tierreich, hat ein Hunter eine unglaubliche, explosionsartige Energie – aber nicht notwendigerweise auch große Ausdauer. ...

Wenn Sie Fernsehen schauen und an Polizeiseri-
en denken, werden Sie bei dieser Beschreibung
bestimmt schnell ein paar konkrete Beispiele finden, wo es genau so abläuft.

Thom Hartmann: (68) <u>Sie denken visuell.</u> Jäger
beschreiben ihre Handlungen lieber in Bildern
als in Worten oder Gefühlen. Sie schaffen sich
Skizzen im Kopf, über das, was sie erlebt haben
und was sie vorhaben.

... Hunter interessieren sich nicht sonderlich für
Abstraktion, oder sie möchten sie wenigstens
so schnell wie möglich in eine visuelle Form
übertragen haben. Sie sind gewöhnlich eher
schlechte Schachspieler und verachten langfristige Strategien, weil sie es vorziehen, immer
gleich auf die verwundbarste Stelle loszugehen.

Häufig findet man diese Eigenschaft bei Daytra-
dern an der Börse. Innerhalb weniger Sekunden
oder Minuten wird gekauft und wieder ver-
kauft. Dabei spielt hauptsächlich der Chart, die
visuelle Darstellung des Kurses, eine Rolle.
*(Ich bin nicht umsonst auf das Buch von Thom
Hartmann über ein Börsenbuch aufmerksam geworden.)*

Thom Hartmann: (69) <u>Sie lieben die Jagd, doch sie langweilen sich bei alltäglichen Aufgaben wie Saubermachen, Kochen oder Schreibarbeiten schnell.</u> ...

An diesem Abschnitt erkenne ich, dass ich nur zum Teil *Jäger* bin. Ansonsten würden mir Schreibarbeiten, wie das Schreiben dieses Buchs wohl nicht gefallen. Allerdings braucht meine Frau doch einiges an Geduld, bis ich etwas sauber mache – zumeist, weil ich es einfach nicht wahrnehme. Kochen ist schön, aber nur solange es nicht zum Alltäglichen gehört. Also habe ich vielleicht doch mehr *Jäger-Gene* in dieser Richtung, als gedacht.

Zu den Schreibarbeiten muss man sagen, dass es im Buch von Herrn Hartmann ein Beispiel gibt, in dem er von *Jäger-Schriftstellern* spricht. Diese setzen sich zumeist ein ganz konkretes Ziel von x Seiten pro Tag. Durch die offene Aufmerksamkeit und visuelle Vorstellungskraft, schreiben sie dann oft sehr gute Bücher.

Thom Hartmann: (70) <u>Sie begeben sich in Gefahren, denen „normale" Menschen aus dem Weg gehen würden.</u> Ein verwundeter Eber, Elefant oder Bär kann töten – und viele Jäger wurden auch schon von ihrer potentiellen Beute ins Jenseits befördert. Wenn man die Analogie auf die Kriegsführung ausdehnt, wo Hunter oft an vorderster Front in der Infanterie zu finden sind oder die aggressivsten Offiziere stellen, dann gilt auch dort das gleiche. Hunter nehmen große Risiken auf sich. ...

Wie sinnvoll ein Krieg ist, ist ja eine andere Sache. Dieses Verhalten findet sich aber auch in der Freizeitbeschäftigung – und da frage ich Sie, wie steht es mit Ihnen? Machen Sie Freeclimbing, sind Sie Hobby-Rennfahrer oder machen Sie Sprünge mit Skiern oder anderem? All das beinhaltet ja auch eine Gefahr, die Sie eigentlich nicht suchen müssten.

Vielleicht erschrecken Sie auch die Gedanken, selbst so etwas zu tun.

Wie interessant solche *„unnützen Risiken"* sind, sehen wir z.B. an allerhand entsprechenden Fernsehsendungen.

Ich möchte hier keine Wertung vornehmen, ob es nun gut oder schlecht ist, solche Dinge zu tun. Mir ist wichtig, dass Sie ein Bewusstsein dafür bekommen, dass es – tun oder nicht tun – normal ist und Sie sich Ihr Leben möglichst so gestalten sollten, dass das, wie sie sind, sich in Ihrem Leben positiv für Sie auswirkt. In welcher Weise Sie das so gestalten können, kommt auf Ihre ganz eigene Situation an. Ein bewusstes Nachdenken bringt Ihnen hier Klarheit, auch wenn Sie vielleicht (noch) keine Umsetzungsmöglichkeit erkennen können. Diese Klarheit ist von äußerst großem Nutzen, denn dann können

Sie aktiv die nötigen Veränderungen in Ihrem Leben angehen oder es zumindest leichter akzeptieren, wenn es wirklich keine Umsetzungsmöglichkeit geben sollte.

Thom Hartmann: (71) <u>Sie sind hart gegen sich selbst und die Menschen in ihrer Umgebung.</u> Wenn das eigene Leben von blitzschnellen Entscheidungen abhängt, dann ist notwendigerweise die Frustrations- und Geduldsschwelle sehr niedrig. ...

Geht Ihnen das so, dann empfehle ich Ihnen, sich etwas anzuschaffen, in das Sie hineinschlagen können (ein Kissen oder ähnliches). Ich tat dies oft beim Klavierspiel in der Weise, dass ich nach der Schule ein äußerst lautes Stück spielte (nicht gerade zur Freude meiner Mutter). Heute mache ich es an der Orgel manchmal, indem ich ein Stück mit allen Registern, so laut wie möglich, spiele.

Auch andere körperliche Bewegungen können diese Energie, die sich in einer Überstrapazierung der Geduld und in Frustration gebildet hat, abbauen. Manche schwören auf Joggen, andere auf asiatische Kampfsportarten. Testen Sie es aus! Allerdings hat die größte Wirkung jenes, was Sie direkt als Reaktion auf die Frustration tun können, bevor die Refraktärphase vorbei ist.

Keine Geduld mehr oder frustriert zu sein ist eine Gefühlsaktivierung. Daher sind auch hier die gleichen Mechanismen, wie von Ekman oder Fexeus beschrieben, am Werk. Hierzu gehört, dass eine gewisse Zeit ab dem frustriert sein kein anderes Gefühl mehr eine Chance auf Wahrnehmung hat (Refraktärphase). Genau hier, sollten Sie das Gefühl sinnvoll in Bewegungen umsetzen.

Thom Hartmann widmet sich aber auch den Eigenschaften der *Farmer*. Er fragt hier unter anderem, warum die *Farmer* heute in unserer Gesellschaft überwiegen.

Thom Hartmann: (72) ... Die Antwort liegt in der Ausprägung der zweiten Grundform menschlichen Zusammenlebens bei unseren primitiven Vorfahren: der landwirtschaftlichen Gesellschaft. In dieser Gemeinschaft waren die Bauern diejenigen, die für Nahrung und Überleben sorgten. Und ein guter Bauer braucht ganz andere Fähigkeiten als ein guter Jäger.

Wie sehen diese *Farmer-Eigenschaften* nun aus? Erkennen Sie sich in ihnen wieder?

Thom Hartmann: (73) <u>Sie lassen sich nicht leicht durch ihre Umgebung ablenken.</u> Es kann drei bis vier Wochen dauern, bis der Samen ausgesät ist oder alle Reispflanzen gesetzt sind, die für eine ausreichende Ernte notwendig sind; der günstige Zeitraum für die Saat kann vom Wetter abhängen und sehr kurz sein. Wenn sich ein Bauer beim Pflanzen ablenken lässt und wegrennt, um einem Geräusch nachzugehen oder ganze Tage darüber nachgrübelt, warum eine Pflanze Pflanze etwas größer als die andere gewachsen ist, würde er nicht genug Felder für die Ernte bestellen – und er oder sie müsste verhungern.

Die Arbeit als „*Farmer*" stellt also gegenüber der Arbeit als „*Jäger*" ganz verschiedene Ansprüche. Eine Eigenschaft „*alles zu bemerken und dem nachgehen*", was für den „*Jäger*" überlebenswichtig, also als sehr positiv zu werten ist, kann für den „*Farmer*" seinen Tod bedeuten – ist also hier sehr negativ zu werten. Obwohl es hier um eine Sache geht (alles zu bemerken und dem nachgehen) haben wir es trotzdem mit einer polaren Struktur zu tun. Diese findet sich auf der Ebene der Auswirkungen für den jeweiligen Menschen. Einmal ist die Auswirkung positiv (*Jäger*), das andere Mal negativ (*Farmer*). Dies, obwohl es um das gleiche Verhalten geht.

Betrachten Sie sich einmal mit Ihrem Symptom, mit Ihrem Verhalten und mit Ihrem ganzen Wesen auf dieser Ebene. Sie werden Eigenschaften finden, die für Sie in Ihrem Leben in dieser Form negativ sind, die aber für andere Menschen (die eventuell eine andere Lebensform haben) sich positiv darstellen. Ebenso wird es Eigenschaften geben, bei denen es genau umgekehrt ist.

Es kommt also häufig nicht auf die Eigenschaft als solches an, sondern auf den Kontext in dem wir diese Eigenschaft vorfinden. Soweit es Ihnen möglich ist, versuchen Sie genau diesen Kontext so zu verändern, dass Sie mehr für sich positive Eigenschaften (er)leben können, Sie also Ihre Ressourcen fördern.

Hierzu ist allerdings nötig, sich zu fragen, für was die Eigenschaft steht, denn alles hat eine Funktion. Finden Sie heraus, warum Sie die Eigenschaft haben und wie sie ausgelöst wird , wie sie funktioniert und welcher Mechanismus dahinter steckt.

Oft stellt man dadurch fest, dass eine Eigenschaft wie ein *Vertreter* funktioniert, welche das Eigentliche vertritt. Das Eigentliche ist dann, hat man es einmal gefunden, oft nicht mehr von einzelnen Eigenschaften abhängig, sondern kann in mehreren Möglichkeiten gelebt werden. (Manchmal verschwindet es auch nach dem Erkennen.)

Gehen Sie für das Erkennen immer einen Schritt zurück, so wie die Sprossen einer Leiter. Fragen Sie sich immer: *was hat dazu geführt und welche Aufmerksamkeit bekomme ich dadurch?* Wenn Sie das für sich geklärt haben, gehen Sie einen weiteren Schritt zurück. (Am besten machen Sie dies schriftlich.)

Einmal erkennen Sie dadurch den *„Werdegang"*, zum anderen erkennen Sie die Funktion, die immer mit *„Aufmerksamkeit bekommen"* verbunden ist. Irgend etwas bekommen Sie – und sei es auch kaum erträglich. Dieses Bekommen lässt Sie sich selbst wahrnehmen und spielt eine große Rolle bei der Selbstdefinition. Dies gehört zum Mensch sein.

Nutzen Sie Ihr Bewusstsein in der Weise aus, dass Sie nach Möglichkeiten suchen, immer mehr Aufmerksamkeit in einer positiven Weise zu bekommen. Zum einen tut dies Ihnen gut, zum anderen senkt dies die Wichtigkeit, negative Aufmerksamkeit zu bekommen.

Thom Hartmann: (74) <u>Sie ertragen langfristige Anstrengungen</u> – viele Stunden am Tag, viele Tage in der Woche, viele Wochen im Monat. Sicher kann man argumentieren, dass auch ein Farmer während der Erntezeit große Energieschübe aufbringen muss. Doch die meisten Jäger würden sagen, dass sich diese Spitzenbelastungen nicht damit vergleichen lassen, dass jemand einen Hirsch zwanzig Kilometer durch den Wald verfolgt. Und die Energieschübe eines Bauern müssen dann den ganzen Tag über anhalten, manchmal sogar tage- oder wochenlang am Stück. Selbst in den Hochbelastungsphasen würde man die Anstrengungen eines Farmers eher mit Worten „schnell und stetig" als mit „explosiv" beschreiben.

Heute wird die Erntezeit häufig durch sogenannte „*Deadlines*" ersetzt. Zudem wird versucht (und oft mit Erfolg), den Arbeiter in eine „*Permanent-Erntezeit*" zu bringen, in der er immer diese Höchstleistung erbringen muss. Dies ist aber auch für einen „*Farmer*" zu viel und die Zeit zu lange. Chronische Erschöpfungszustände sind eine der Folgen. Ebenso Teile des Workaholics, weil es kein Ende gibt und man wie im Hamsterrad gefangen ist.

Für „*Jäger*" ist dies noch schwieriger, sind sie doch *Projekt-Menschen*, die sich über einen gewissen Zeitraum zu 200 Prozent in etwas eingeben können, aber nur, wenn sie danach auch wieder die entsprechende Erholung bekommen. Auf der anderen Seite steht das Bild des Büroangestellten, der als „*Farmer*" dauerhaft und konstant über Jahre hinweg arbeitet.

Wozu zählen Sie sich?

Gibt es Möglichkeiten, dass Sie Ihre Art der Tätigkeit etwas in die zu Ihnen passenden Richtung verändern?

Alles was bereits von vornherein zu Ihrem „Typ" passt, vermeidet Resistenzen gegen das Tun, gibt Ihnen also zusätzliche Energie und Zufriedenheit.

Thom Hartmann: (75) <u>Sie haben eine langfristige Sicht</u> und orientieren sich daran. Während kleine, begrenze Experimente für einen Bauern durchaus ihren Nutzen haben, könnte es katastrophale Folgen haben, wenn er die ganze Ernte auf eine Karte setzte, um auf all seinen Feldern ein neues Saatgut auszuprobieren. Ein Farmer blickt nicht nur fünf Minuten oder eine Stunde voraus wie der Jäger. Er muss statt dessen Jahre vorausplanen. Wie wird diese Ernte die Bodenqualität beeinflussen? Welche Wirkung wird sie auf die Erosion haben? Wird die Ernte ausreichen, um die Familie oder das Dorf durch den Winter zu bringen? …

Das Thema „langfristige Sicherheit" steht hier ganz oben. Es ist ein Thema, wo Jäger-Typen und Farmer-Typen leicht aneinander geraten. Die „Jäger" sind häufig der Ansicht, dass diese langfristige Vorsorge (die oft mit einer Menge Versicherungen einhergeht) einen vom Leben im

Jetzt abbringt. *Man denke ja nur an die Zukunft und deren Risiken, anstatt „einfach" zu leben.* Dem halten die *Farmer-Typen* entgegen, dass es wohl eine Menge Beispiele von Menschen gäbe, die bei Unvorhergesehen und im Alter mit Nichts dastehen und zum Teil sprichwörtlich auf der Straße landeten. Dafür kann man die Zusatzaufwendungen für die Sicherheit (wie eben z.B. das Geld für Versicherungen) gerne in Kauf nehmen.

Beide Sichtweisen haben ihre Richtigkeit und spiegeln lediglich das wieder, was die verschiedenen Menschen über das Leben glauben.

Da beide Typen die Zukunft nicht kennen, können beide Vorgehensweisen zu positiven oder negativen Resultaten führen.

Thom Hartmann: (76) <u>Sie langweilen sich nicht so leicht.</u> Farmer teilen sich ihr Leben wie ihre Arbeit in der Landwirtschaft ein. Im Sommer, wenn die Saat wächst, oder im Winter, wenn nicht viel getan werden kann, findet der Bauer konstruktive Aufgaben, mit denen er seine Zeit verbringt; Möbel bauen, Feuerholz hacken oder der Garten jäten.

In unserer Zeit hat sich das Bild des *Farmers*, der immer mehr Teil einer Industrie ist, sehr verändert. Dies soll aber nicht den Blick darauf versperren, dass es über eine sehr lange Zeit so war und die *Farmer-Eigenschaften* über diese lange Zeit entstanden sind.

Thom Hartmann: (77) Es macht ihnen nichts aus, wenn sich ihre Tätigkeiten ständig wiederholen oder wenn Dinge lange brauchen, bis sie fertig sind, denn das liegt in der Natur des Ackerbaus.

Sie sind Mannschaftsspieler und haben oft ein feines Gespür für die Bedürfnisse und Gefühle anderer. Weil Bauern, ganz besonders in den primitiven Ackerbaukulturen, in einer Gemeinschaft leben und zusammenarbeiten müssen, sind sie zur Kooperation gezwungen. ...

Hier bietet sich eine wunderbare Vorstellung von einer Gruppe Jägern an, die gemeinsam Pfeil und Bogen halten, um besser zu treffen. Dass dies kaum funktionieren kann, liegt auf der Hand. Dieses Beispiel zeigt wieder, dass alles positiv oder negativ sein kann, je nach Situation und deren Interpretation.

Thom Hartmann: (78) Sie kümmern sich um Details. Ein Farmer muss sicherstellen, dass aller Weizen gedroschen wird, dass all seine Kühe vollständig abgemolken werden und dass seine

Felder bestellt sind. Sonst würde er eine Katastrophe für die ganze Gemeinschaft auslösen. Wenn die Kuh nicht abgemolken wird, kann sie Entzündungen bekommen; wenn die Saat in einen zu feuchten Boden eingebracht wird, verrottet sie; und auf zu trockenen Feldern verwelken die Pflanzen. Einsteins Aussage „Gott steckt im Detail" könnte der Lieblingsausspruch des Farmers sein.

Es ist die Größenordnung die hier zählt, ob das *„nach dem Detail schauen"* eine Ressource ist, die vieles aufzeigt, was man sonst nicht erkennen würde, oder nicht. Ein *Farmer* hat jeden Tag das Melken seiner Kühe, dabei ist die Arbeit in der Größenordnung klar abgesteckt – auch beim Einbringen der Saat und dem dreschen des Getreides ist dies klar definiert, abhängig vom Wetter und der Menge der Ernte. Zudem ist klar, dass er das Einbringen der Saat nicht in der Mitte des Winters zu tun hat und dies sogar katastrophale Folgen haben würde.
In unserer technisierten Welt gibt es diese klaren Grenzen durch z.B. Wetter und Jahreszeit fast nicht mehr. In einer Firma folgt ein Projekt dem anderen, ohne Pause.

Arbeiten die man für sich macht, sind meistens ebenso dauerhaft vorhanden. Ist eine Kuh gemolken, ist diese Arbeit zu Ende, ob der *Farmer* das möchte oder nicht. Bei unseren heutigen Aufgaben ist dies meist nicht mehr so.

Gehören Sie zu den Menschen, die das „*nach dem Detail schauen*" als Eigenschaft haben, so setzen Sie sich Grenzen, damit Sie diese Eigenschaft nicht auffrisst und Sie auch beim nächsten Mal wieder voller Energie sind.

Thom Hartmann: (79) <u>Sie sind vorsichtig.</u> In der Landwirtschaft muss man eher selten mit einer plötzlichen Gefahr fertig werden. Bauern lernen statt dessen, die langfristigen Gefahren zu beachten. Sie sind oft bessere Planer als Kämpfer.

Sie sind geduldig im Umgang mit anderen. Die Geduld, die man braucht, um abzuwarten, bis die Pflanze fünf Monate gewachsen ist, lässt sich in der heutigen Zeit leicht in die Geduld mit einem Mitarbeiter umwandeln, der ein Problem oder eine Situation näher erklären möchte.

Wieder haben wir es in der Auswirkung mit zwei Seiten einer Medaille zu tun. Sind Sie zu sehr geduldig, zu wenig Kämpfer, dann lassen Sie sich vielleicht auch zu sehr ausnutzen. Dafür haben Sie die schöne Ressource, mit vielen Menschen gut auszukommen und langfristige Pläne zu schmieden und sie auch in die Tat umzusetzen.

Versuchen Sie, jene Teile in Ihnen zu stärken, die sich bisher negativ auf Ihre Ressource auswirken, wie sich z.B. zu viel zu gefallen lassen, mit der Begründung der Sicherheit der jetzigen Situation – ohne danach zu schauen, ob es für diese Sicherheit nicht auch andere Möglichkeiten gäbe. Bei der Frage nach Jobs ist es häufig so, dass man so davon überzeugt ist, dass es keinen anderen Job geben wird (weil man sehr schnell davon ausgeht, dass wenn man nicht mehr alles mit sich machen lässt, seinen Job verliert), dass man nicht einmal wirklich nachschaut ob es denn so ist, geschweige sich einmal wo bewirbt, nur um zu sehen, ob man wo anderes Chancen hat.

Meiner Ansicht nach wird diese positive Eigenschaft der *Farmer-Typen* heute am meisten ausgenutzt, wenn nicht sogar missbraucht.

Thom Hartmann: (80) ... Ein kurzer Rückblick auf die Merkmale der Bauern (natürlich in einer stark vereinfachten Sichtweise) und ein Vergleich ihrer Fähigkeiten mit denen des Jägers, dass ADDler und Nicht-ADDler in das Bild von Jäger und Farmer passen. Obwohl die meisten Leute nicht genau dieser Kategorisierung entsprechen, ist es doch möglich, in Menschen, die wir kennen, diese Primärtypen wiederzufinden.

Jede der Eigenschaften kann positiv sein, es kommt nur auf deren Ausprägung und Gestaltung an.

Praxis

1. Nehmen Sie sich nochmals die Liste mit den Antworten bezüglich den Jäger/Farmer-Eigenschaften zu Hand und gehen Sie die entsprechenden Erklärungen der Eigenschaften durch (den Beschreibungstext und gegebenenfalls den Text der Störungsbilder).
    (Ich habe Ihnen die Liste nach Übung nochmals einkopiert, sodass Sie alles vor sich haben.)

2. Suchen Sie sich zu jeder Eigenschaft mindestens einen Punkt, den Sie in Ihrem Leben in dieser Weise bereits positiv umsetzen bzw. umsetzen können.

3. Schreiben Sie sich diese Punkte auf und überlegen Sie sich danach (auch wieder am besten in einer schriftlichen Form), wie Sie die Ergebnisse von Punkt zwei ganz konkret stärken beziehungsweise erreichen können.

Dann haben Sie viele Ressourcen aktiviert! Das tut Ihnen gut und (zumindest nach einer gewissen Umgewöhnungszeit) auch Ihrem sozialen Umfeld – denn es geht Ihnen dann gut, sie haben mehr Energie und sind einfach besser drauf.

Manchmal sind aber auch größere Veränderungen in Ihrem Leben notwendig. In welcher Relation diese im Bezug zu Ihrer Ressourcenstärkung liegen, ist je nach Situation verschieden und sollte so bewusst wie möglich von Ihnen geklärt werden.

(81) Aus der Sicht der „Hunter"

A-J) Überwachen ständig die Umgebung.

Wesenszug der „Farmer"

A-F) Nicht leicht von der augenblicklichen Aufgabe abzulenken

Aus der Sicht der „Hunter"

B-J) Können sich ohne jede Verzögerung sofort auf die Jagd begeben.

Flexibel; bereit, Strategien schnell abzuändern.

Wesenszug der „Farmer"

B-F) Können eine stetige, verlässliche Bemühung aufrechterhalten.

Sind ordentlich und wohlorganisiert. Sie haben Langzeitstrategien und halten sich daran.

Aus der Sicht der „Hunter"

C-J) Unermüdlich: können lange Strecken durchstehen, aber nur nur, wenn sie „auf der heißen Spur" sind und ein Ziel verfolgen.

Wesenszug der „Farmer"

C-F) Sie sind sich der Zeit und der Zeitpläne bewusst. Sie bekommen ihre Aufgaben rechtzeitig fertig, sie legen ein stetiges Arbeitstempo vor, haben gutes „Durchhaltevermögen".

Aus der Sicht der „Hunter"

D-J) Ergebnisorientiert. Sind sich beinahe schmerzhaft bewusst, ob sie sich dem Ziel im Augenblick nähern oder nicht.

Wesenszug der „Farmer"

D-F) Geduldig. Sind sich darüber im klaren, dass „gut Ding Weile haben will". Sind bereit zu warten.

Aus der Sicht der „Hunter"

E-J) Visuell/konkrete Denkweise, sehen ein erreichbares Ziel klar vor sich, auch wenn ihnen dafür die Worte fehlen.

<u>Wesenszug der „Farmer"</u>

E-F) Sind viel eher in der Lage, Ziele zu verfolgen, die im Augenblick nicht leicht zu sehen
sind.

<u>Aus der Sicht der „Hunter"</u>

F-J) Unabhängig

<u>Wesenszug der „Farmer"</u>

F-F) Teamfähig

<u>Aus der Sicht der „Hunter"</u>

G-J) Langweilige Aufgaben öden sie an; sie lieben neue Ideen, Aufregung, „die Jagd", das
Verfolgen einer „heißen Spur".

<u>Wesenszug der „Farmer"</u>

G-F) Konzentriert. Gut bei der genauen weiteren Durchführung, achten auf Details, „kümmern sich ums Geschäft".

<u>Aus der Sicht der „Hunter"</u>

H-J) Sind willens und in der Lage, Risiken auf
sich zu nehmen und der Gefahr ins Auge zu blicken.

H-F) Sorgfältig und sorgsam: „Erst schauen, dann springen".

Aus der Sicht der „Hunter"

I-J) „Keine Zeit für Feinheiten, wenn es darum geht, Entscheidungen zu fällen!"

Wesenszug der „Farmer"

I-H) Umsorgen andere, schaffen und fördern die Werte der Gemeinschaft, spüren, ob etwas von Dauer sein wird.

Thom Hartmann, bezieht er sich in seiner Einteilung auch auf Länder. Nun kann man nicht sagen, dass die Mentalität eines Volkes schlechter oder besser als die eines anderen Volkes bzw. Landes wäre. Vieles hat sich ganz einfach durch den Lauf der Geschichte herausgebildet.

Thom Hartmann: (82) ... Eine weitere interessante Randbemerkung zu dieser Hypothese ist die Beobachtung, dass Europäern Amerikaner und Australier oft als „unverschämt" oder als „verrückte Abenteurer" erscheinen, dagegen für Amerikaner und Australier die Europäer oft für „schwerfällig" und „konservativ" halten. Wenn nun ADD wirklich erblich ist, dass sehen wir uns einmal die Leute an, die im siebzehnten Jahrhundert Leib und Leben für eine Reise über den Atlantik riskierten – das müssen doch entweder verzweifelte Farmer oder ganz normale Hunter gewesen sein. Ähnliches gilt für Australien, dessen weiße Bevölkerung fast ausschließlich aus Nachfahren von Häftlingen besteht, die von England dorthin deportiert wurden, sozusagen die missratenen Söhne und Unzufriedenen der britischen Gesellschaft (Ich vermute jedenfalls, dass unter ihnen ein sehr hoher Prozentsatz von ADD-Huntern war, die in ihrer Heimat nicht mehr erfolgreich sein konnten, weil die Industrielle Revolution den Arbeitsmarkt und die Kultur des Landes „verfarmerte").

Auch in Japan scheint ADD nur relativ selten vorzukommen. Die Vorfahren der Japaner lebten seit mindestens 6000 Jahren in einer rein landwirtschaftlichen Gesellschaft.

Mir geht es an dieser Stelle ja nicht um das Krankheitsbild von ADD, ADS oder ADHS, denn wie damit umzugehen ist, liegt in der Verantwortung jener Menschen die es haben und den Ärzten. Mir geht es um die *„normalen"* Ausprägungen – und hier haben die meisten Menschen etwas vom *Jäger* als auch vom *Farmer*.

Thom Hartmann geht sogar soweit, dass er Ausprägungen, in der Größenordnung von ADD auf der *Jäger-Seite*, auf der *Farmer-Seite* genauso gravierend einstuft. Allerdings gibt es hier keine Krankheitszuordnung (bzw. wurde das Buch bereits 1993 geschrieben und mir liegen keine neueren Ergebnisse vor).

Immer wieder bin ich bei Büchern auf Edison (*ein Jäger-Typ)* gestoßen, der dort als Vorbild galt – und Vorbildern sollte man ja nacheifern.

Meist wird vergessen, dass es sich um eine andere Zeit handelte und es sich zumeist auch um sehr eigene Charaktere handelte. Zudem wird immer wieder verschwiegen, welche anderen Probleme, neben ihrem Erfolg, diese Menschen in ihrem Leben hatten.

Viele dieser Vorbilder hatten auch eine super Chance in ihrem Leben, die Ihnen bereits recht früh eine finanzielle Sicherheit gab, so dass sie ihre Projekte weiterverfolgen und sich in der Folge an die Dynamik anpassen konnten.

Wie bereits am Anfang dieses Buchs, als ich Ihnen die Studie über das Positive Denken vorstellte, empfehle ich Ihnen auch bei sogenannten Vorbildern, immer wieder mal ein bisschen weiter nachzuforschen, was gesagt und was verschwiegen wurde. Andererseits ist es manchmal auch gut, nur einer Eigenschaft nachzueifern, die man für sich als gut einstuft und den Rest des Menschen außen vor zu lassen.

Lesen Sie nun eine kurze Biographie von Edison (die von mir nochmals gekürzt wurde), so wie sie Thom Hartmann zusammengestellt hat. In ihrer Kürze ist sie natürlich unvollständig, zeigt aber die sehr starke *Jäger-Ausprägung* auf, die wir als normale *„Halb-Jäger"*, *„Halb-Farmer"* nicht nachmachen können.

Thom Hartmann: (83) ... Edison wurde vor dem Amerikanischen Bürgerkrieg im Mittleren Westen der USA geboren und verließ im Alter von sieben Jahren nach nur drei Monaten formeller Ausbildung die Schule. ... Edison beklagte sich darüber, dass ihn die Kinder in der Schule ablenkten und dass der Lernstoff „abstrakt" und nicht „real" war. Etwas tatsächlich zu tun, durch die Erfahrungen eine Theorie zu testen oder eine Tatsache zu entdecken, und sei es (wie er in seinem Tagebuch schrieb) „nur für einen Augenblick, das war bei weitem besser, als zwei Stunden lang etwas zu lernen, das er nie zu Augen bekommen hatte". Edisons Mutter glaubte an die Fähigkeiten ihres Sohnes und übernahm die Erziehung. ...

Edison ging mit zwölf Jahren von zu Hause fort und trat das erste in einer langen Kette von kurzfristigen Arbeitsverhältnissen an. In seinem siebzehnten Lebensjahr hatte er vier verschiedene Stellen; er wurde aus allen herausgeworfen, weil er bei den Routinearbeiten und Pflichten schlampte oder nachlässig war. Mit fünfzehn hatte er eine Stelle als Stellwerkswärter bei der Bahn und musste sich in der Nachtschicht jede Stunde über den Telegraphen melden. Man kündigte ihm, nachdem seine Vorgesetztem herausgefunden hatten, dass sein pünktliches Meldesignal in Wirklichkeit von einem kleinen aus einem Wecker gebastelten Apparat erzeugt wurde, der jede Stunde den Morsecode sendete. Aus dieser Erfindung wurde später dar erste automatische Telegraph, dann der erste Börsentelegraph. Allerdings hatte Edison ein Dutzend anderer Jobs, ehe er im Alter von einundzwanzig Jahren schließlich $40.000 für seinen Börsentelegraph bekam, mit denen er sein eigenes Labor einrichten und sich dort ganz seinen Erfindungen widmen konnte.

Als klassischer Hunter arbeitete Edison normalerweise an mehreren Projekten. Wir wissen zum Beispiel, dass er im Jahre 1877 in seinem Labor an mehr als vierundvierzig Erfindungen arbeitete – gleichzeitig, wohlgemerkt! Er bestimmte seine eigene Arbeitszeit, arbeitete oft die Nacht hindurch. Wenn ihm die Arbeit an einer Erfindung langweilig wurde oder er zu viel davon bekam, sprang er geschwind zur nächsten.

... Thomas Edison veränderte das zwanzigste Jahrhundert mit seinen Erfindungen: der elektrischen Glühbirne, dem Fernkraftwerk, dem Phonographen, dem biegsamen Zelluloidfilm und dem Filmprojektor, der Alkalibatterie, dem Mikrophon (um nur einige der über 1000 größeren Patente zu nennen, die er bis zu seinem Tode im Jahre 1931 anmeldete).

Das ist schon extrem! Möchten Sie das ebenso machen bzw. hätten Sie es gerne so in Ihrem Leben gehabt? Mit zwölf Jahren von zu Hause weg und immer wieder entlassen werden, weil man den Ansprüchen des Arbeitgebers nicht gerecht wurde? Vielleicht glaubte er bereits in dieser Zeit an seinen Fähigkeiten, das kann ich nicht beurteilen, aber es war bestimmt kein Leichtes für sein Selbstwertgefühl.

Auf der anderen Seite war er natürlich auch noch sehr jung (21 Jahre), als er die $40.000 verdiente, was heute ungleich mehr Geld entspricht. War dieser Verdienst die automatisch und fast zwingend erscheinende Folge seines Handelns oder musste es einfach so in seinem Leben eintreten?

Es gibt auch x Beispiele von Erfindern, die nie wirklich Geld mit ihren Erfindungen machen konnten oder deren Erfindungen von großen Firmen, leicht verändert, kopiert wurden, womit sie sie als ihre Eigenen ausgeben konnten.

Ich denke, ein *Hunter* bzw. *Jäger* zu sein ist auch im Bereich der Erfindungen kein Garant von Erfolg. Ebenso ist das Gegenteil, ein *Farmer* zu sein es auch nicht. Vielmehr ist es wichtig zu erkennen, wo man sich wiederfindet.

Welche Eigenschaft ist für mich essenziell?

Wo und wie kann ich diese Eigenschaft oder Eigenschaften besser einsetzen?

Besser im Sinn von: „positiver für mein Leben", „mir mehr Lebensenergie gebend", „mein Leben glücklicher gestaltend". Am besten so, dass dieses Positive sich auch auf meine Umwelt positiv auswirkt.

Praxis

- Schreiben Sie sich ein oder mehrere Wünsche auf. Sachen die Sie gerne haben oder machen möchten, egal ob sie real machbar sind oder nicht.

- Gehen Sie die Liste der *Jäger/Farmer-Eigenschaften* durch und ordnen Sie die damit zusammenhängenden Tätigkeiten, Fähigkeiten usw. den einzelnen Punkte zu. *(Die Liste habe ich Ihnen nochmals einkopiert.)*

- In einem dritten Schritt überlegen Sie sich, in welchem (anderen) Bereich Ihres Lebens Sie dies bereits umsetzen.

- Stärken Sie diese Bereiche bzw. fangen Sie mit etwas in dieser Richtung an, wenn es bisher noch nicht in Ihrem Leben vorhanden ist. Denn die Art und Weise, wie Sie etwas in Ihrem leben machen, ist, je nachdem, bereits eine *Teil-Wunscherfüllung*.

(84) <u>Aus der Sicht der „Hunter"</u>

A-J) Überwachen ständig die Umgebung.

<u>Wesenszug der „Farmer"</u>

A-F) Nicht leicht von der augenblicklichen Aufgabe abzulenken

<u>Aus der Sicht der „Hunter"</u>

B-J) Können sich ohne jede Verzögerung sofort auf die Jagd begeben.

Flexibel; bereit, Strategien schnell abzuändern.

<u>Wesenszug der „Farmer"</u>

B-F) Können eine stetige, verlässliche Bemühung aufrechterhalten.

Sind ordentlich und wohlorganisiert. Sie haben Langzeitstrategien und halten sich daran.

Aus der Sicht der „Hunter"

C-J) Unermüdlich: können lange Strecken durchstehen, aber nur nur, wenn sie „auf der heißen Spur" sind und ein Ziel verfolgen.

Wesenszug der „Farmer"

C-F) Sie sind sich der Zeit und der Zeitpläne bewusst. Sie bekommen ihre Aufgaben rechtzeitig fertig, sie legen ein stetiges Arbeitstempo vor, haben gutes „Durchhaltevermögen".

Aus der Sicht der „Hunter"

D-J) Ergebnisorientiert. Sind sich beinahe schmerzhaft bewusst, ob sie sich dem Ziel im Augenblick nähern oder nicht.

Wesenszug der „Farmer"

D-F) Geduldig. Sind sich darüber im klaren, dass „gut Ding Weile haben will". Sind bereit zu warten.

Aus der Sicht der „Hunter"

E-J) Visuell/konkrete Denkweise, sehen ein erreichbares Ziel klar vor sich, auch wenn ihnen dafür die Worte fehlen.

Wesenszug der „Farmer"

E-F) Sind viel eher in der Lage, Ziele zu verfolgen, die im Augenblick nicht leicht zu sehen sind.

Aus der Sicht der „Hunter"

F-J) Unabhängig

Wesenszug der „Farmer"

F-F) Teamfähig

Aus der Sicht der „Hunter"

G-J) Langweilige Aufgaben öden sie an; sie lieben neue Ideen, Aufregung, „die Jagd", das Verfolgen einer „heißen Spur".

Wesenszug der „Farmer"

G-F) Konzentriert. Gut bei der genauen weiteren Durchführung, achten auf Details, „kümmern sich ums Geschäft".

Aus der Sicht der „Hunter"

H-J) Sind willens und in der Lage, Risiken auf sich zu nehmen und der Gefahr ins Auge zu blicken.

<u>Wesenszug der „Farmer"</u>

H-F) Sorgfältig und sorgsam: „Erst schauen, dann springen".

<u>Aus der Sicht der „Hunter"</u>

I-J) „Keine Zeit für Feinheiten, wenn es darum geht, Entscheidungen zu fällen!"

<u>Wesenszug der „Farmer"</u>

I-H) Umsorgen andere, schaffen und fördern die Werte der Gemeinschaft, spüren, ob etwas von Dauer sein wird.

Diese Übung haben Sie in ähnlicher Weise bereits mit Ihren Eigenschaften gemacht. Hier wird es nochmals konkreter. Die Ergebnisse der vorherigen Übung werden Spuren in der jetzigen Übung hinterlassen.

<u>Sie erinnern sich:</u> wir rekonstruieren unsere Vergangenheit mit unserem Gehirn im jetzigen Zustand.

In Thom Hartmanns Buch „*Eine andere Art, die Welt zusehen*" fand ich noch ein anderer Aspekt sehr interessant: fokussiertes und offene Bewusstseinszustände.

Wieder soll es nicht um besser oder schlechter gehen, sondern dass Sie eine Klarheit darüber bekommen, welchem Menschentyp Sie angehören und wie Sie dieses Wissen ressourcenstärkend für sich einsetzen können.

Thom Hartmann: (85) ... Im fokussierten Zustand konzentriert sich ein Mensch ganz auf eine Aufgabe und wird völlig von ihr absorbiert. Das Ticken der Uhr, das Dröhnen des Fernsehers, die Geräusche von der Straße oder aus dem Büro nebenan verschwimmen alle zu einer grauen Kulisse, während das helle Licht des Bewusstseins eine einzige Aufgabe beleuchtet.

Das ist der ideale Zustand den Schüler beim Hausaufgaben Machen haben sollten, was aber selten so ist.

Vor allem bei Aufgaben die mehrere klare Denkschritte hintereinander benötigen, sind Sie mit dem fokussierten Bewusstsein sehr gut dran. Ist diese Aufgabe aber z.B. am Computer zu absolvieren, können Sie leicht mit Ihrem Partner oder Ihrer Partnerin Probleme bekommen, denn Sie hören nicht mehr zu, was Ihnen während der Zeit, in der Sie sich mit dem Computer beschäftigen, gesagt wird. Es geht schlicht und einfach unter. Lediglich die letzten Worte bleiben einem meistens im Gedächtnis, weshalb man gerade noch davon etwas wiederholen kann, kommt der Kommentar: *„Du hörst mir ja überhaupt nicht zu!"*.

Thom Hartmann: (86) Das offene Bewusstsein ist dagegen zerstreut und diffus. Die Gedanken wandern von einem Gegenstand zum anderen, berühren einen nach dem anderen ganz leicht, behalten Interessantes zurück, verwerfen den Rest und springen dann zur nächsten Wahrnehmung. Die Aufmerksamkeit wandert vom Ticken der Uhr, was die Kindheitserinnerung an Onkel Ralphs Standuhr auslöst, die wiederum an die verrückten Krawatten denken lässt, die Onkel Ralph immer trug. Dieser Gedanken wird durch das Geräusch eines Lastwagens unterbrochen, der unten auf der Straße vorbeiholpert und seinerseits an den Tag erinnert, als man als Kind mit Papa in dem Mietwagen mitfahren durfte, der die Möbel zur neuen Wohnung transportierte.

Sind Sie voll und ganz der Menschentyp der fast immer den fokussierten Bewusstseinszustand hat, so werden Sie sich vielleicht fragen, für was denn dieser offene Bewusstseinszustand gut sein könnte. Vielleicht kennen Sie dieses offene Bewusstsein aber auch nur zu gut und haben es bisher eher als Plage als als Ressource erlebt.

Es gibt ein Berufsbild, welche ganz und gar diesem offenen Bewusstsein entspricht: Der Ermittler. Bei einem Kriminalfall kann es leicht passieren, dass man sich durch ein fokussiertes Bewusstsein auf eine Spur konzentriert, die man immer weiter verfolgt und keine anderen Spuren mehr wahrnimmt. Ist es die richtige Spur, führt diese Vorgehensweise schnell zum Ziel. Ist es die falsche Spur, so wird sehr viel Zeit vergeudet.

Beim offenen Bewusstsein bringt der Ermittler alle möglichen Sachen bezüglich des Falls miteinander in Verbindung. Er erinnert sich vielleicht nicht an *Onkel Ralphs Krawatten*, dafür aber an ähnliche Fälle oder eben an nur ähnliche Kleidung in ganz verschiedenen Fällen.

Entsprechend hat solch ein Ermittler aber auch Probleme, konzentriert seine Berichte zu schreiben. Sehen Sie sich einmal verschiedene Krimiserien an und analysieren Sie die Ermittler im Bezug zum fokussierten oder offenen Bewusstsein. Manchmal wird es in diesen Serien auch wunderbar auf ein Team aufgeteilt, so dass sich die Teammitglieder sowohl ergänzen als auch aneinander reiben.

Ein anderer Bereich des offenen Bewusstsein sind alle kreative Bereiche. Alles ist miteinander verbunden und alles löst irgendeine Assoziation aus. Aus dieser riesigen Menge von Verknüpfungen kristallisieren sich plötzlich Verbindungen heraus, die man so noch gar nicht erkannt hatte. Dies kann z.B. zu einer Erfindung führen, kann aber auch „*nur*" den Blick auf die Welt so verändern, dass wieder neue Verbindungen und Sichtweisen möglich sind.

Bei der Musik können z.B. Assoziationen, die mit einem ganz gewissen Gefühl verbunden sind, den Musiker ein Stück ganz anders spielen lassen. Plötzlich geht es um die Aktivierung eben dieses Gefühls, anstatt um die richtige Interpretation der Noten. Diese Arbeit finde ich so wichtig, dass ich bereits vor Jahren die integrative Musikwahrnehmung entwickelt habe, die übt, genau diese zur Musik und zum Musiker passenden Assoziationen zu finden.

Gute Köche und Köchinnen finden Kombinationen von Zutaten, die einem Laien erst gar nicht in den Sinn kommen – eben weil sie in sich alles mit allem verknüpfen und dadurch ganz neue Kombinationen finden. Dies geht noch über das Kochen hinaus und betrifft auch die Präsentation.

In der visuellen Vorstellung entspricht die fokussierte Bewusstsein einer linearen Vorgehensweise, wogegen das offene Bewusstsein eher dem Bild einer Mindmap entspricht.

Ihnen wird schon aufgegangen sein, dass fokussierte Bewusstseinszustände den *Farmern* und offene den *Jägern* zuzuordnen sind. Entsprechend schreibt Thom Hartmann:

(87) ... Beim Entspannen verfallen Farmer ganz von selbst in den fokussierten und Hunter in den offenen Zustand.

Die verschiedenen Bewusstseinszustände finden wir, entsprechend der weltlichen Verteilung von *Jägern* und *Farmern* (Sie erinnern sich, dass Thom Hartmann die USA und Australien eher den *Jägern* zuordnet und dagegen z.B. Asien den *Farmern*) sich auch die Bewusstseinszustände verteilen sollten. Dies konnte er in verschiedenen Formen von Meditationen finden.

Thom Hartmann: (88) ... Die Landwirte in Tibet, China und Japan haben Variationen ... der Meditationstechnik Vipassana oder „Achtsamkeit" entwickelt. Mit dieser Technik versucht man beim Meditieren, den Kopf völlig zu leeren und Gedanken, die an die Oberfläche treiben, nur ganz leicht zu berühren, damit sie freigesetzt werden und keinen „Brennpunkt für Aufmerksamkeit" mehr bilden. Diese Technik wird seit Jahrtausenden in buddhistischen Klöstern gepflegt und ist eine Methode, mit der ein normalerweise fokussierter Mensch einen hochsensiblen, offenen Bewusstseinszustand erreichen kann.

Ich benutze diese Methode oft, wenn mir im Bett noch Gedanken durch den Kopf gehen, wegen denen ich nicht einschlafen kann. In solchen Fällen stoppe ich meine inneren Dialoge. Dies geht meist nur für ein paar Sekunden, dann kommt wieder ein Gedanke hoch. Solche Gedanken lasse ich während des inneren Sprechens wie eine Seifenblase zerplatzen. Manchmal gibt es sehr viele Seifenblasen – doch beruhigt sich mein Denken trotzdem meist innerhalb von fünf bis zehn Minuten, während denen ich dann einschlafe.

Es ist eine Methode, die viel Disziplin voraussetzt, denn man setzt sie ja nur dann ein, wenn einem dauernd neue Gedanken und innere Dialoge im Kopf „herumschwirren".

Versuchen Sie es aus, vielleicht wirkt es auch bei Ihnen.

Thom Hartmann: (89) Die Jäger- und Kriegskulturen im Europa des Mittelalters entwickelten andererseits eine Meditationsform, die ihre Brennpunkt bündelte und sie darin übte, bei diesem einen Gedanken zu bleiben. Sie ließen bei dieser Meditation eine Perlenschnur durch die Finger gleiten, die sie als „Gedächtnishilfe" immer wieder zum Gebet zurückführen sollte, und wiederholten: „Gegrüßt seist du, Maria, voll der Gnaden, der Herr ist mit Dir ..."

Auf ähnliche Weise entwickelte die indische Kriegerkaste eine Meditationstechnik („Mantra Yoga"), die daraus besteht, dass stundenlang immer und immer wieder in Gedanken ein einziger Laut wiederholt wird und die Gedanken auf ein Zentrum bündelt. Der berühmteste dieser Laute ist das „Om".

Die Bewegungsübung mit Text, welche Sie weiter oben erlernt haben, geht in diese Richtung. Es werden immer wieder die selben Sätze wiederholt. Allerdings wird durch die Bewegung zwischen den Sätzen (dreimaliges Bewegen des rechten, dann es linken Arms, über den Kopf – mit offenen Augen) auch der Raum um Sie geöffnet, was der Förderung des offenen Bewusstseinszustands dienlich ist.

Mit den verschiedenen Meditationstechniken, wie sie Thom Hartmann aufzeigt, sind wir schnell auch im Bereich des Glaubens. Hier gibt es ein äußerst interessantes Buch, mit dem Titel *„Die Vermessung des Glaubens"*[25] *(90)*, welches ich Ihnen zum Lesen empfehlen kann.

---

25 Ulrich Schnabel – Die Vermessung des Glaubens - Verlag Karl Blessing – ISBN 978-3-89667-364-0

Zum Abschluss der Überlegungen zur Theorie der *Jäger* und *Farmer* möchte ich Ihnen noch eine bildliche Vorstellung der Verteilung der verschiedenen Bewusstseinszustände an die Hand geben.

Thom Hartmann: (91) Wenn man sich einmal das Bewusstseinsspektrum als ein 12 Zoll langes Lineal vorstellt, das jemand auf der halben Länge bei 6 Zoll auf dem Finger balanciert, dann liegt der Bereich des außerordentlich fokussierten Bewusstsein vielleicht irgendwo bei 2 Zoll, und die Gegend um 10 Zoll steht für den extrem offene Bewusstseinszustand. Bei 6 Zoll ist der Mittelpunkt, der Zustand, in den ein „Durchschnittsmensch" verfällt, wenn er sich entspannt. Ein Hunter würde vielleicht in der Entspannung im 7- oder 8 Zoll-Bereich liegen, ein Farmer im 5- oder 4 Zoll-Bereich. Und einige Spekulationen gehen dahin, dass man Autisten bei 1 Zoll und bei 12 Schizophrene bei 12 Zoll ansiedeln muss.

Dieses Bild ist grob vereinfacht und trägt den vielen verschiedenen, einander überschneidenden Ebenen keinerlei Rechnung, ... aber es ist doch ein nützliches Modell ... .

Dieses Musterbeispiel gibt uns auch ein Modell, mit dessen Hilfe wir die Vielfalt der Menschheitsfamilie schätzen lernen, ja sogar lobpreisen können, anstatt die Unterschiede zwischen den Menschen unverzüglich mit einem negativen Etikett zu belegen. ...

In meinem Powerkurs „Wege zur Selbstfindung" habe ich geschrieben: (92)

„Der Individualismus ist nicht etwas,
was uns trennt,
er ist das Bindeglied zwischen uns Menschen."

Sowohl die eine als auch die andere Seite des Lineals bringt Vorteile mit sich. Erst in den Extrembereichen wird es krankhaft – wie dies ja auch bei anderen Sachen der Fall ist.

Nachwort

Manche der Autoren, die ich zitiert habe, würden sich wohl *„in die Wolle bekommen"*, gemeinsam in solch einem Werk vorzukommen. Sowohl deren Ansätze als auch die Weltbilder sind zum Teil sehr weit auseinander. Ich neige aber immer dazu, das herauszunehmen, was mir als Gemeinsamkeiten im Bezug eines Themas begegnet. Auch finde ich es wichtig, sich gegenteilige Meinungen anzuhören bzw. zu lesen – weshalb ich Ihnen jedes der genannten Werke zum Lesen empfehle.

In diesem Buch konnte ich Ihnen manche Möglichkeiten aufzeigen, wie Sie mehr Bewusstsein über sich erhalten und Ihre Ressourcen stärken und ausbauen können.

Mit dem Lesen ist es aber nicht getan, denn auch hier gilt *„Übung macht den Meister"* – und bei diesem Üben wünsche ich Ihnen ein gutes Gelingen, damit Sie immer mehr Ihrer Ressourcen in Ihr Leben integrieren und ausleben können.

Kontakt: peters@easynote.de

Literatur- und Quellenverzeichnis

Bereits im Text finden Sie manche Fußnoten zu den Quellen. Daher sind die Quellenangabe in dieser Liste nur durch Zahlen, ohne Seitenangaben gekennzeichnet.

Alle Zitate und Textausschnitte habe ich durch eine andere Schrift markiert, welche sich von dieser Schrift deutlich unterscheidet.

- David Gordon & Maribeth Meyers-Anderson – Phoenix, Therapeutische Strategien von Milton H. Erickson – Verlag ISKO-PRESS Hamburg – ISBN 3-921648-69-6. 7, 8, 9, 10, 11, 12, 13, 14, 15, 16, 17, 18, 19, 20

- Die negativen Folgen vom positiven Denken – www.wissenschaft.de/wissenschaft/news/304978.html 27

- Émile Coué – Autosuggestion – Verlag Oesch – ISBN 978-3-0350-1507-2

- Franz X. Bühler – Vom Kopf ins Herz – P-Verlag – ISBN 978-3-906439-01-3 33

- Friedemann Schulz von Thun – Miteinander reden" Band 3 – Verlag rororo – ISBN 987-3-499-60545-1. 1, 2, 3, 4, 5, 6

- Gregor's Powerkurs „Wege zur Selbstfindung" – WegeZurSelbstfindung.com 26, 32, 92

- Glück zieht Kreise – www.wissenschaft.-de/wissenschaft/news/298096.html 37

- Hände hoch für gute Laune – www.wissenschaft.de/wissenschaft/news/310328.html 54

- Henrik Fexeus – Die Kunst des Gedankenlesens – Verlag Goldmann – ISBN 978-3-442-17084-5. 28, 29, 30, 34, 35, 36, 38, 39, 40, 41, 42, 43, 44, 45, 46, 47, 48, 49, 50

- Leslie M.LeCron – Selbsthypnose – Verlag Goldmann – ISBN 3-442-10692-3. 22, 23, 24, 25

- MEG – www.meg-hypnose.de/index.-php?id=34 21

- Michael J. Losier – Das Gesetz der Anziehung – Verlag Integral – ISBN 978-3-7787-9190-5. 51, 52

- Paul Ekman – Gefühle lesen – Verlag Spektrum – ISBN 978-3-8274-2568-3 31, 53

- Schon ein einfaches Wort lässt das Gehirn lächeln – www.wissenschaft.de/wissenschaft/news/305402.html 55

- Thorwald Dethlefsen – Schicksal als Chance – Verlag Goldmann – ISBN 3-442-11953-7. 56, 57

- Thom Hartmann: „Eine andere Art, die Welt zu sehen – Das Aufmerksam-keits-Defizit-Syndrom" – Verlag Schmidt Röhmhild – ISBN 978-3-7950-0735-5. 58, 59, 60, 61, 63, 64, 65, 66, 67, 68, 69, 70, 71, 72, 73, 74, 75, 76, 77, 78, 79, 80, 81, 82, 83, 84, 85, 86, 87, 88, 89, 91

- Bruce Lipton: Intelligente Zellen – wie unsere Erfahrungen unsere Gene steuern – Verlag KOHA – ISBN 978-3-936862-88-1. 62

- Ulrich Schnabel – Die Vermessung des Glaubens – Verlag Karl Blessing – ISBN 978-3-89667-364-0. 90

www.ingramcontent.com/pod-product-compliance
Lightning Source LLC
Chambersburg PA
CBHW060503290526
45791CB00001B/243